KB272972

공직자는
영혼이 없다

공직자는
영혼이 없다

일러두기

· 대한민국 여성 정책 전담 부처는 2001년 '여성부'로 출범하여 2005년 '여성가족부'로 개편
되었으며, 2025년 9월 말 「정부조직법」 개정에 따라 '성평등가족부'로 확대 개편 및 명칭이
변경되었다. 이 책에서는 해당 시기의 명칭을 사용했다. 보건복지부와 고용노동부 등도
해당 시기의 명칭 또는 약칭을 사용했다.

· 본문의 표는 석사학위논문 「보육의 공공성 강화를 위한 정부의 재정지원제도 연구」(김숙자,
2006년 2월)에서 인용했다.

공직자는 영혼이 없다

김숙자 지음

길 없는 곳에
길을 내며 걸어온
13,700일 분투기

북바이북

지난해 말, 37년의 공직생활을 마쳤다.

　서울시와 여성부에서 국민의 삶이 조금이라도 더 나아지기를 바라는 마음으로, 의미 있는 정책을 만들기 위해 달려온 시간이었다. 뜻대로 되지 않는 순간도 있었지만, 나의 노력이 세상의 온도를 1도라도 올릴 수 있다면 그것으로 충분했다.

　시간이 지나면 정책을 만든 공직자의 이름은 사라진다. 그러나 이름 없는 공직자가 정성과 책임으로 만든 정책은 국민의 삶 속에 남아 그들의 일상과 함께한다. 그것을 기억하는 이는 많지 않더라도, 정책을 만든 공직자 자신은 그 의미를 안다. 나는 그런 믿음으로 정책을 기획했고, 그런 공직자로 기억되기를 바랐다. 이제 정책을 만들던 자리에서 물러나 그 시간들이 내 삶에 남긴 의미를 돌아보고자 한다.

가정형편이 넉넉하지 않아 장학금 없이는 대학 진학이 어려웠던 나는, 장학금 제도가 잘 갖춰져 있다는 이유만으로 서울시립대학교를 선택했다. 그리고 취업이 잘될 것이라는 막연한 기대 속에서 컴퓨터학과에 진학했다. 서울시립대학교는 예상대로 다양한 장학 제도를 운영하고 있었다. 성적우수 장학금과 근로장학금은 물론 등록금과 생활비를 지원하고 졸업 후 서울시 7급 공무원으로 특별 채용하는 '시비市費장학금'도 있었다. 나는 시비장학생으로 선발되어 대학 재학 기간 내내 학비와 생활비를 지원받았고 졸업과 동시에 서울시 7급 공무원으로 특별 채용되면서 공직의 길에 들어섰다.

서울시청에 입사한 이후, 당시에는 여성 공직자가 배치되지 않던 기획실 등에서 근무하며 승용차 10부제 도입, 서울시민대학 설립과 같은 신설 정책을 기획했다. 컴퓨터를 전공했지만 행정직 공무원으로 임용된 나는 영유아보육 업무 이관을 계기로 여성부의 부름을 받아 지방공무원에서 중앙부처 공무원이 되는 뜻밖의 기회도 얻었다. 그러나 그때는 중앙부처에 비고시 출신 공직자에게 핵심 국정과제를 쉽게 맡기지 않는 고시 중심의 문화가 만연하다는 사실을 알지 못했다. 그때는 어디에서든 성실하게 일하면 능력을 인정받을 수 있다고 믿었다.

장차관들 역시 취임 초기에는 학력이나 고시 여부를 기준으로 인사를 하는 경향이 있었지만, 맡은 일을 즐기며 책임을 다하는 나의 업무 태도를 지켜본 뒤에는 점차 능력을 인정해주었고, 주요 국정과제는 자연스럽게 내게 맡겨졌다. 그러나 비고시 출신 공직자가 핵심 정책을 수행하는 상황을 불편하게 바라보는 일부 공무원은 '열심히 일한다'는 평가 대신 '승진에 눈이 멀어 일한다'는 왜곡된 시선으로 바라보기도 했다.

2003년 여성부로 전입한 이후 영유아보육 업무 이관, 보육예산 구조 개편, 보육시설 평가인증제 도입, 표준보육단가 산정, 영아 기본보조금 제도 도입 등 영유아보육 정책을 추진했다. 이명박 정부에서는 「경력단절여성지원법」을 제정하고 여성새로일하기센터를 구축해 경력단절여성의 재취업을 지원했다. 박근혜 정부 시기에는 아이돌봄서비스, 공동육아나눔터, 가족친화 인증기업 제도, 학교밖청소년지원센터를 새롭게 도입했고, 문재인 정부에서는 건강가정지원센터와 다문화가족지원센터를 통합해 가족센터 체계를 구축하고, 가족센터 건립을 국가가 처음으로 지원하기 시작했다.

37년의 공직생활 중 15년은 서울시에서 22년은 여성가족부에서 정책을 기획하고 집행하는 일을 여름휴가도 장기교육도 가본 적이 없을 만큼 쉼 없이 했다. 직원들은 그런 나에게 늘 워커홀릭이라고 하면서 그만 일하라고 만류했지만, 내가 정책을 더 고민하고 만들어낸 만큼 국민의 삶이 나아질 수 있다는 생각에 멈출 수 없었다. 그러나 정책은 개인의 신념이나 의지만으로 만들어지지 않는다. 정책은 그 시대의 사회 환경과 인구 구조, 가족 형태, 노동시장 속에서 탄생한다. 저출생과 고령화, 여성의 경제활동 확대, 맞벌이가구의 보편화, 돌봄 수요의 급증, 가족 형태의 다양화는 내가 정책을 설계하던 시기와는 또 다른 환경을 만들어내고 있다.

나는 정책이 만들어졌던 당시의 시대적 배경과 행정적 제약, 그리고 정책 시행 이후 변화한 사회 환경 속에서 어떤 보완과 전환이 필요한지 정책 담당자의 시선으로 정리하고자 했다. 아울러 내가 참여한 정책들이 과거가 되었기 때문이 아니라 여전히 현재진행형의 과제로 남아 있기 때문이다.

정책은 완결된 결과물이 아니라, 끊임없이 점검되고 다시 설계되어야 하는 과정이다. 이 책은 공직자 개인의 성과를 나열하기 위한 기록이 아니다. 당시에는 최선이라고 판단한 정책이 시간이 흐르며 어떤 한계를 드러냈는지, 정책 설계 단계에서 미처 고려하지 못한 구조적 제약은 무엇이었는지 돌아보며 앞으로 정책 방향에 대한 제언을 남기고자 했다.

"공직자는 영혼이 없다"는 말은 윗사람의 눈치만 보고 지시에만 따르는 소신과 책임감 없이 일하는 공직자를 비판할 때 흔히 사용된다. 공직자에 대한 냉소와 행정에 대한 불신이 담긴 표현이다. 그러나 내가 생각하는 진정한 공직자는 성권이나 개인의 이해관계에 흔들리지 않고 주어진 자리에서 국민만을 바라보며 책임을 다해야 한다. 그러려면 나 자신은 모두 내려놓고 영혼 없이 일해야 한다. 나는 37년 공직생활 동안 그런 신념과 책임감으로 일해왔고, 이 책은 그 시간에 대한 기록이다.

공직자로 내가 수행해온 일은 대부분 제도를 설계하는 일이었지만, 그 제도가 실제로 작동하기까지는 수많은 공직자와 현장 종사자, 그리고 정책 대상자인 국민의 삶이 함께 있었다. 정책을 만들지 않아도 되는 지금에야 그 성과와 한계를 한발 물러서서 바라볼 수 있게 되었다. 완전한 정책은 없고, 모든 선택에는 아쉬움이 남는다. 그럼에도 정책의 불완전성을 이유로 그 가치를 부정하고 싶지는 않다. 정책은 시대에 따라 수정되고 보완되어야 하고 다음 세대로 이어질 때 더 의미가 있다. 이 기록이 과거의 결정에 대한 변명이 아니라, 앞으로 더 나은 정책을 설계하기 위한 하나의 디딤돌이 되기를 바란다.

아울러 여성가족부 정책은 흔히 특정 집단만을 위한다고 오해받지만, 실상은 영유아보육과 돌봄, 가족의 안정, 일과 삶의 균형, 청소년과 가족 정책 등 국민의 일상을 지탱하는 사회 기반 정책이다. 국민의 삶과 가장 가까운 영역에서 정책이 어떻게 설계되고 시행되었는지, 그리고 왜 이러한 기능이 지속적으로 요구되는지 이 책을 통해 여성가족부의 기능과 역할을 알리고 싶었다.

이 기록은 동시에 그 정책을 만들고 지키려 했던 한 공직자의 현실에 대한 이야기이기도 하다. 정책과 행정, 제도와 사람 사이에서 공직자가 무엇을 고민해야 하는지, 어떤 선택 앞에서 흔들리고 책임져야 하는지 함께 담고자 했다. 후배 공직자에게는 정책을 바라보는 참고서가 되고, 국민에게는 정책이 만들어지는 과정을 이해하는 작은 창이 되기를 바란다.

차례

3장 — 공직의 시작과 끝

1장

일과 가정
양립

영유아보육서비스

영유아보육 업무 이관

서울시청 공무원으로 공직생활을 시작한 나는 2003년 11월 6일 영유아보육 업무 이관을 담당하기 위해 여성부로 파견을 갔다. 보건복지부의 영유아보육 업무가 여성부로 이관되면서 이를 담당할 실무자를 찾던 중, 서울시에서 보육 업무를 맡고 있던 나에게 전입을 요청한 것이다. 여성부는 광화문 정부서울청사 8층에 있었다. 15년 동안 매일 출근해 일하던 서울시청을 뒤로하고 여성부로 첫 출근을 했다. 여성부에서는 정책1담당관실에 배치되었다. 내 책상 위에는 처리해야 할 업무가 이미 소복이 쌓여 있었다. 여성부 총무과장이 전화해서 왜 빨리 파견 오지 않는지 재촉한 이유가 충분히 짐작될 만큼의 업무량이었다. 당시 총무과장의 파견 일자 독촉전화에 내가 여성부에서 처리해야 할 업무가 무엇인데 그리 재촉하냐고 물었을 때는 영유아보육 업무 이관 관련 홍보자료 제작이 전부인 듯 말했는데, 사실은 그게 아니었다. 책상 위에서 내가 오기만을 기다린 업무는 국회의원을 대상으로 영유아보육 업무 이관 필요성 작성, 「영유아보육법」 전면개정에 반대하는 보육시설 시위 동향 파악, 「영유아보육법」 전면개정에 따른 신·구 조문 대비표 PPT 작업까지….

서울시 지방자치단체와 여성부 중앙부처의 업무 프로세스 및 시스템은 여러 차이점이 있다. 그러나 여성부는 업무 프로세스와 여성부의 분위기에 적응할 시간도 주지 않았다. 자리에 앉자마자 처리해야 할 업무가 내부망(현 '위팜스')을 통해 전달되었다. 통상의 업무지시는 과장이 직원을 불러 지시내용에 대한 배경과 추진 방향을 전달하고 언제까지 지시사항을 처리해야 하는지 시한도 전달하는데 여성부 정책1담당관은 내부망으로 업무지시 쪽지만 보내고 있었다. 언제까지 처리해야 한다는 기한도 없고, 처리 방향도 없었다. 그리고 말 한마디 없이 과장은 퇴근했다.

여성부에 처음 출근한 이튿날 과장은 「영유아보육법」 개정안에 대한 진행상황 및 보육현장의 반대의견을 정리하여 국무조정실에 가서 협의하고 오라고 지시했다. 나는 「영유아보육법」 개정안에 대한 내용도, 보육현장에서 반대하는 내용도 파악하기 전이었다. 뿐만 아니라, 국무조정실에 가서 왜 협의해야 하는지, 국무조정실 어느 부서에 가서 무엇을 협의해야 하는지, 국무조정실은 어디에 있는지조차 몰랐다. 누구에게 무엇을 물어야 하는지도, 무엇을 모르는지도 모르는 나에게 과장은 지시만 하고 휑하니 사무실을 나갔다.

그때부터 나는 장님이 코끼리 다리를 만지듯 하나씩 업무를 파악해야 했다. 그렇게 시작된 여성부에서 폭풍같이 밀려오는 업무량은 2024년 2월 26일 가족정책관 보직에서 해임되는 그날까지 이어졌다. 그러나 여성부에서 근무하는 동안 한 번도 '힘들다'고 생각하지 않았고 힘들다고 말하지 않았다. 여성부에서 내가 필요한 존재이고, 부족한 나에게 핵심 국정과제를 수행할 기회를 주는 것을 늘 감사하게 생각했다. 여성부라는 새로운 조직과 시스템에 낯설어하던 나는 여성부의 시스템에 적응하고 '여성부의 전사'로 변모해갔다.

여성부에 전입하고 한 달이 지난 2003년 12월 23일 국회 본회의에서 영유아보육 업무 이관을 위한 「정부조직법」 개정안이 의결될 것이라고 했다. 당시 지은희 장관은 「정부조직법」 개정안이 통과될 것이라고 확신하고 「정부조직법」 개정안이 통과된 후 우리 부 전 직원이 함께하는 송년회와 영유아보육 업무 이관 축하 파티 준비를 총무과장에게 지시했다. 그러나 국회 본회의에서 「정부조직법」 개정안은 부결되었다. 국회 본회의 결과는 장관을 포함한 우리 부 모두에게 실망을 안겨주었다. 「정부조직법」 개정안은 국회 재적의원 189명 중 찬성 86명, 반대 67명, 기권 36명으로 부결되었다.

영유아보육 업무 이관을 위한 「정부조직법」 개정안이 부결된 데는 김성순 의원의 지적이 크게 작용했다. 김성순 의원은 영유아보육 업무 이관에 반대하는 이유를 첫째, 이관을 위한 정부 차원의 공청회 등 공론의 장이 부재했고, 둘째 이관 이후 보육 대책과 비전이 부족하며, 셋째 여성부의 보육서비스 발전 방안이 미흡하고, 넷째 유아교육과의 통합 방안이 부재하다고 했다. 그리고 여성부의 기능을 강화하기 위한 영유아보육 업무 이관에 앞서 여성부 장관의 역할이 강화되어야 한다고 했다.

그날 준비한 우리 부 전 직원의 송년회와 축하파티는 취소되었고 보육 업무 이관을 담당한 나와 간부들은 퇴근도 반납해야 했다. 지은희 장관은 간부회의를 소집하여 「정부조직법」에 반대·기권한 의원의 명단을 작성하고 의원별 전담 조직을 구성해 향후 본회의에서 「정부조직법」 개정안이 의결되도록 전략을 마련하라고 지시했다. 우리 부는 그날 밤 국회의원을 설득하기 위한 전략을 마련하고 다음 날부터 의원 한 사람 한 사람을 찾아다니면서 설득했다. 그리고 2004년 3월, 영유아보육 업무 이관을 위한 「정부조직법」 개정안이 의결되었다.

2004년 6월 영유아보육 업무가 보건복지부에서 여성부로 이관되었다. 영유아보육 업무 이관 후 우리 부 직원들은 사기도 올라가고 열정과 패기로 밤낮없이 영유아보육 업무를 수행했다. 2004년 연말 기자간담회에서 어느 기자의 건배사는 지금도 귀에 선하다.

"여성가족부가 폐지되는 날은, 우리 사회에서 여성이 차별받지 않고 능력을 펼칠 수 있는 평등한 사회가 완성되는 날일 것입니다. 여성가족부가 폐지되는 그날까지!"

그 기자의 건배사는 우리 부를 응원하는 말이자 격려였다.

무상보육의 출발점이 된 영아 기본보조금

여성부는 영유아보육 업무 이관 TF를 구성하고 나는 영유아보육 예산을 담당했다. 2005년 영유아보육 예산을 편성하여 5월 말까지 기획재정부에 제출하기 위한 시간은 두 달도 채 남아 있지 않았다. 영유아보육 예산을 편성하려면 3만여 개소의 보육시설에 대한 정확한 문제점을 파악하기 위한 보육시설 실태조사가 우선이다. 그러나 현실적으로 보육시설 실태를 파악하기 위한 시간은 절대적으로 부족했다.

그래서 나는 2004년도 영유아보육 예산을 먼저 살펴보기로 했다. 보건복지부에서 편성한 2004년도 영유아보육 예산은 전체 보육시설 중 16%인 국공립·법인 보육시설에 근무하는 보육교사의 인건비(영아는 교사 1인당 90%, 유아는 교사 1인당 45%)만 지원하고 있었다. 반면 전체 보육시설 중 84%를 차지하는 민간 보육시설의 보육교사 인건비는 정부의 보조 없이 부모가 지불하는 보육료로 충당하고 있었다. 그 결과 국공립·법인 보육시설과 민간 보육시설 간의 차이는 매우 컸다. 민간 보육시설을 이용하는 부모는 높은 비용을 지불하고 낮은 보육서비스를 제공받았다. 국공립 보육시설 보육교사의 월평균 인건비는 145만 원인데 민간 보육시설 보육교사의 월평균 인건비는 90만 원 수준이었다.

게다가 국공립 보육시설은 전국에 균형 있게 설립되어 있지 못했다. 국공립 보육시설은 주로 서울 강남, 서초, 송파 등 지방자치단체의 재정여건이 좋은 지역에 설립되어 있었다. 그러나 지방자치단체의 재정여건이 어렵고 서민층이 주로 거주하는 중랑, 구로 지역에는 국공립 보육시설이 거의 설립되어 있지 않았다. 그 결과 강남, 서초, 송파 지역 주민은 저렴한 비용으로 양질의 보육서비스를 제공받는 반면 중랑, 구로 지역 주민은 비싼 비용으로 열악한 보육서비스를 제공받고 있었다. 따라서 나는 2005년도 영유아보육 예산편성 기준을 보육시설 중심에서 아동별 지원으로 전면 개편하기로 했다. 시간이 촉박했지만 영유아보육 예산의 구조적 불균형을 바로잡는 전환점이 되어야 한다는 각오로 2005년도 영유아보육 예산 개편을 시작했다. 그리고 5월 말 영유아보육 예산안을 기획재정부(당시 기획예산처)에 제출했다. 보건복지부에서 편성한 '시설 중심' 보육 예산에서 '아동 중심' 보육 예산으로 방향을 대전환했다. 국공립·법인 보육시설의 보육교사 인건비 지원에 집중되었던 영유아보육 예산을 단계적으로 줄이고, 민간 보육시설을 이용하는 아동 1인당 기본보조금을 신설했다.

2005년도 영유아보육 예산안은 국공립·법인 보육시설의 영아(0~2세) 보육교사 인건비 지원 비율을 90%에서 80%로, 유아(3~5세) 보육교사 인건비는 45%에서 30%로 줄였다. 반면 다음 표와 같이 민간 보육시설을 이용하는 아동 중 0세 아동은 월 15만 원, 1세 아동은 월 9만 원, 2세 아동은 월 6만 원의 기본보조금을 편성했다.

보육시설 유형별 아동 1인당 정부 지원, 보육료, 보육비용(2005년)

(단위: 원)

아동 연령	국공립·법인 보육시설			민간 보육시설		
	정부 지원	보육료	보육비용	정부 지원	보육료	보육비용
0세	440,104	299,000	739,104	150,000	350,000	500,000
1세	271,024	299,000	570,024	90,000	350,000	440,000
2세	198,560	247,000	445,560	60,000	288,000	348,000
3세	54,751	153,000	207,751	0	198,000	198,000
4~5세	45,678	153,000	198,678	0	198,000	198,000

두 번째로 중요한 영유아보육 예산의 기본 원칙은 민간 보육시설과 국공립 보육시설 간의 차이를 단계적으로 줄여 부모의 보육

료를 동일하게 맞추는 것이다. 이것이 노무현 대통령이 말한, 진정한 '보편적 국가보육 책임제'로 나아가는 첫걸음이라고 생각했다.

당시 정부에서 민간 보육시설에 예산을 지원한다는 것은 획기적인 정책 전환이었다. 2005년 도입된 영아 기본보조금은 민간 보육시설도 공공보육 책임으로 인정하는 선언적 의미가 있었다. 영유아보육 예산 개편 방향은 5개년 계획으로 보육서비스 수준, 보육교사 인건비, 보육료를 동일한 기준으로 맞추는 것이었다. 이를 위해 국공립 보육시설은 교사 인건비 지원을 줄이고, 민간 보육시설은 아동 1인당 기본보조금을 영아에서 유아까지 확대해나갈 계획이었다.

2005년 영유아보육 예산안을 설명하기 위해 기획재정부 사회예산담당관실을 방문했다. 사회예산담당관실의 분위기는 냉랭했다. 과장은 여성부가 영유아보육 업무에 대하여 뭘 안다고 예산을 편성했느냐는 반응을 보였다. 나는 사회예산담당관에게 인사를 하고 담당사무관에게 2005년도 영유아보육 예산안과 함께 영유아보육예산 5개년 개편계획을 설명했다.

영유아보육 예산 5개년 개편계획을 책상 너머에서 듣고 있던 과장이 회의실로 걸어 나왔다. 그리고 과장은 중간중간 질문을 하면서 설명을 계속 들었다. 그렇게 시작된 2005년도 영유아보육 예산 설명은 식사도 잊은 채 5시간 넘세 계속되었다.

그리고 보육예산 설명을 마친 후 사회예산담당관은 내게 물었다.

"여성부에서 언제부터 근무하셨습니까?"

"서울시에서 여성부로 파견 온 지 6개월이 채 되지 않았습니다. 서울시에서 보육 업무를 수행하면서 복지부에서 내려온 영유아 보육 운영지침이 보육현장과 맞지 않아 개선하고 싶어 여성부로 파견 나왔습니다. 그리고 여성부 공무원이 복지부 공무원보다 업무능력이 부족하다는 선입견은 매우 유감입니다."

기획재정부 사회예산담당관은 영유아 보육예산 심의장에서 이렇게 설명했다고 전달받았다.

"아이 셋을 둔 서울시에서 파견 온 여성부 공무원이 편성한 영유아보육 예산 개편안에 대하여 설명을 들어보니 믿고 지원해도 되겠습니다."

그렇게 시작된 민간 보육시설 영아 기본보조금 도입이 영유아 보육시설 무상보육의 출발점이 되었다.

보육시설에서 아동 중심으로의 예산 기준 개편

2004년 9월, 2005년도 영유아보육 예산 정부안이 국회에 제출되었다. 영유아보육 예산 정부안의 핵심 취지를 설명하기 위해 나와 보육정책국장은 국회 여성가족위원회와 예산결산특별위원회 소속 국회의원실을 매일 방문했다. 국회의원과 보좌관에게 2005년도 영유아보육 예산구조 변경의 배경과 필요성을 설명했다.

전국 국공립·법인 보육시설장들은 국회의원실을 찾아다니면서 우리 부에서 개편한 영유아보육 예산을 2004년도 기준으로 되돌리라고 요구했다. 그들은 국공립·법인 보육시설 보육교사의 인건비 삭감에 반대하기 위해 지역 국회의원실을 방문했다. 그들의 요구를 들은 국회의원실은 다음 날 우리 부에 연락해 들어와서 설명하라고 했다. 나와 보육정책국장은 매일 국회의원실을 방문하여 설명하기를 반복했다. 보육정책국장은 지쳐갔고 동영상을 찍어 의원실에 돌리자고 했다. 나 또한 반복되는 설명과 질의응답에 효과적으로 전달할 방법을 고민하게 되었다. 그리고 영유아보육 예산구조 변경에 대한 석사학위 논문을 쓰게 되었다.

당시 가장 기억에 남는 국회의원 중 한 분이 이계안 의원이다. 현대자동차 사장 출신인 이계안 의원은 기업가 마인드로 나에게 시간을 충분히 줄 테니 영유아보육 예산개편 방안을 설명하라고 했다. 이계안 의원실에서 2시간 넘게 영유아보육 예산구조 변경이 필요한 배경과 개편 내용을 설명했다. 이후 이계안 의원은 여성가족위원회의 영유아보육 예산심의 과정에서 다른 의원들에게 직접 설명하며 개편 필요성에 힘을 실어주었다.

그리고 여성가족위원회 수석도 영유아보육 예산개편 방안에 적극 공감했고 여가위 예산소위 심의과정에서 예산소위 위원들에게 직접 설명하고 부족한 내용은 사무관인 나에게 직접 답변하도록 기회를 주었다.

그 결과 2005년도 영유아보육 예산구조 변경에 반대하는 국공립·법인 보육시설 현장의 목소리가 끊임없이 국회에 전달되었음에도 영유아보육 예산안은 국회에서 의결되었다.

그러나 영유아보육 예산의 국회 의결이 갈등의 종식을 의미하지는 않았다. 영유아보육 예산구조 변경에 따른 국공립·법인 보육시설장 및 민간 보육시설장의 거센 반대는 계속 이어졌다. 특히 보육교사 인건비 지원이 삭감된 전국 국공립·법인 보육시설장들의 반발은 시간이 지날수록 더 거세졌다. "보육교사 인건비 원상으로 돌려놓으라!"는 구호가 광화문 정부서울청사를 뒤덮고 있었다.

정부서울청사 주변은 국공립·법인 보육시설장들의 시위장으로 변해 있었다. 지방에서 올라온 보육시설장들은 대학로 인근 여관에 숙소를 잡고 단식투쟁을 이어가거나, 관광버스를 대절해 매일 상경하여 북과 꽹과리를 치면서 시위를 했다. 보육시설장 시위대는 "예산 개편 책임자는 나와서 석고대죄하라!"고 외쳤다. 일부 보육시설장은 정부서울청사 안으로 밀고 들어왔다. 그러나 청사 안에서도 청사 밖에서도 나는 물러나지 않았고, 영유아보육 예산 개편이 왜 필요한지 영유아보육 예산구조를 왜 변경했는지 앞으로 무엇이 달라지는지 설명했다.

대학로 여관에서 단식투쟁을 하는 현장에도 직접 찾아갔다. 이번에 개편한 영유아보육 예산구조는 보육시설을 이용하는 부모도, 보육교사도, 보육시설장도 더 좋아지기 위한 방향을 만드는 첫걸음이라고 설명하고 단식을 멈추고 대화하자고 설득했다.

민간 보육시설의 영아(0~2세) 기본보조금 신설은 전국 민간 보육시설에서 환영했지만 국공립·법인 보육시설과 같이 보육교사 인건비 방식으로 지원해달라는 요구도 동시에 있었다.

"이제는 보육시설 보육교사 인건비가 아니라 보육시설을 이용하는 모든 아동을 기준으로 영유아보육 예산이 지원되어야 합니다. 정부는 앞으로 '적정한 표준보육비용'을 산정하고, 그 비용을 정부와 부모가 나누어 부담하는 구조로 변경할 것입니다"라고 반복하여 설명했다.

영유아보육 예산구조를 변경하기 위해 보육시설 보육아동 1인당 표준보육비용을 산정하기로 결정하고, 한국조세재정연구원에 연구용역을 의뢰했다. 보육아동의 1인당 표준보육비용 구성 항목은 보육교사 인건비, 아동의 급·간식비, 교재교구비, 보육시설 운영비, 보육시설 설치비 등이다. 보육교사 인건비는 아동의 연령이 낮을수록 보육교사 1명이 돌보는 아동 수가 감소하여 보육아동의 표준보육비용을 차지하는 비중이 높아졌다. 가령 0세반은 보육교사 1명이 아동 3명을 돌보기에 아동 1인당 표준보육비용에서 차지하는 비중이 가장 높다. 한국조세재정연구원에서 산정한 보육아동 1인당 표준보육비용과 당시 보육시설 유형별 보육비용과 비교한 결과는 다음과 같았다.

유형별 보육시설의 보육비용과 표준보육비용의 차액(2005년)

(단위: 원)

구분		표준 보육비용	국공립·법인 보육시설		민간 보육시설	
연령	아동 수		보육비용	차액	보육비용	차액
0세	3명	724,000	739,000	15,000	500,000	-224,000
1세	5명	500,000	570,000	70,000	440,000	-60,000
2세	7명	385,000	445,000	60,000	348,000	-37,000
3세	15명	246,000	207,000	-39,000	198,000	-48,000
4~5세	20명	228,000	198,000	-30,000	198,000	-30,000

앞 표에서 보여준 유형별 보육시설의 아동 1인당 실제 보육비용과 한국조세재정연구원에서 산정한 표준보육비용의 차액을 보면 2005년도 영유아보육 예산구조 변경의 필요성을 알 수 있다. 국공립·법인 보육시설을 보면, 보육교사 인건비 정부지원이 2004년에 비해 10% 감소하고 부모의 보육료는 민간 보육시설에 비해 더 낮은 데도 0~2세 아동 1인당 보육비용이 표준보육비용을 초과한다. 반면에 민간 보육시설은 0~2세 영아 기본보조금을 신설했으나 보육아동 1인당 보육비용이 표준보육비용보다 많게는 22만 원에서 적게는 3만 원까지 부족한 상황이었다.

게다가 민간 보육시설을 이용하는 부모는 국공립 보육시설보다 더 높은 보육비용을 지불했지만, 민간 보육시설장이 부족한 보육아동 1인당 보육비용을 충당하기 위해 인건비가 저렴한 보육교사를 채용하여 운영함으로써 보육서비스 수준은 열악한 상황이 되었다. 국공립·법인 보육시설을 중심으로 한 왜곡된 정부 지원 구조로 시설 간 격차를 더 이상 외면할 수 없었다. 따라서 영유아보육 업무 이관 후 2개월이라는 짧은 시간 안에 표준보육비용을 산정하기에 앞서 기존 보건복지부가 편성한 영유아보육 예산을 분석하고 이를 바탕으로 2005년도 영유아보육 예산구조 개편을 추진할 수밖에 없었다.

영유아보육 업무 이관 후 보육시설의 예산구조 개편안을 마련하고 기획재정부와 국회를 설득하고 전국 3만여 개소 보육시설 현장의 분노와 마주 서는 일이 결코 쉽지 않았다. 그러나 문제를 알면서 외면하는 것은 더 비겁하다고 생각해 힘들지만 포기하지 않고 영유아보육 예산이 모든 아동에게 전달될 수 있도록 개선하고자 했다. 그리고 여성부 파견 후 1년이 지나면 서울시로 복귀하기로 했으나 돌아가지 않기로 결정했다. 당초 계획대로라면 영유아보육 예산 개편방안을 시작만 하고 완성하지 못한 채 여성부를 떠나야 하는데, 이는 책임을 다하지 않는 일이라고 생각했기 때문이다.

그래서 2005년 여성부로 전입했고 여성부 핵심 국정과제를 수행하면서 직지만 국민을 위해 제도를 바꾸고, 제도를 신설했다.

보육시설 평가인증의 실질적 효과

2005년 영유아보육 예산편성 과정에서 기획재정부와 국회에서 민간 보육시설에 정부예산을 투입하면 민간 보육시설장의 배만 부르게 한다는 지적을 반복하여 들었다. 민간 보육시설을 이용하는 아동도 국공립 보육시설을 이용하는 아동과 동일하게 정부예산을 지원받아야 민간 보육시설을 이용하는 부모들이 안심하고 아이를 맡길 수 있고, 국공립 보육시설과 동일하게 저렴한 보육료로 이용할 수 있어야 한다고 설득했다. 그러나 국회와 기획재정부 관계자들은 민간 보육시설장이 정부예산을 횡령하지 않고 보육서비스 수준을 향상시킨다고 어떻게 믿을 수 있느냐고 했다. 다시 말해 민간 보육시설장은 영리를 추구하는 사업자로 정부예산이 아동의 보육서비스 수준 향상으로 이어지지 않을 것이라고 생각했다. 나 또한 고민이 깊어졌다. '보육서비스의 질적 수준을 어떻게 측정하고 높일 수 있을까? 영유아보육 예산지원이 보육서비스 수준 향상으로 어떻게 연계될 수 있을까?'

나는 그 물음에 응답하기 위한 방안으로 '보육시설 평가인증제' 도입을 검토하기로 했다. 그리고 호주의 보육시설 운영지원 체계에 주목했다. 호주는 민간 보육시설 중심의 보육체계이면서 정부의 예산지원이 보육시설을 이용하는 아동을 중심으로 이루어진 대표 국가다. 호주는 보육시설을 이용하는 아동의 보육료를 바우처로 지급하고 있다. 바우처는 정부에서 인증한 보육시설을 이용하는 아동을 기준으로 지급된다.

　호주의 보육료 바우처 방식은 간단해 보이지만 강력한 보육서비스와 연결된 정책 수단이다. 보육예산은 보육시설이 아니라 보육서비스가 인증된 보육시설을 기준으로 집행되는 구조다. 그 결과 호주 정부는 민간시장의 자율성과 보육서비스 품질을 자발적으로 유도하고 부모는 정부에서 인증한 보육시설을 믿고 아이를 맡길 수 있다. 그리고 민간 보육시설은 정부에서 예산을 지원받기 위해 보육서비스의 수준을 끌어올리려 노력했다. 따라서 보육서비스 인증을 기반으로 정부의 예산이 집행되는 시장의 자율성과 정부의 공공성이 균형을 이루는 방식이었다.

　보육시설 평가인증 제도 도입방안 논의는 2003년 영유아보육업무가 이관되기 이전부터 시작되었다. 2003년 복지부에서 한국여성정책연구원에 의뢰하여 보육시설 평가인증 운영모형을 개발했고 2004년 전면 개정된 「영유아보육법」에 보육시설 평가인증 도입을 위한 법적 근거도 마련되어 있었다.

　그리고 2004년 3월 보육 업무 이관 후, 영유아보육 예산 업무를 담당했던 나는 국공립·법인 보육시설 중심으로 정부의 예산이 지원되는 왜곡된 구조를 개편하면서 민간 보육시설에 투입된 정부예산이 보육시설의 보육서비스 수준 향상으로 이어질 수 있도록 보육시설 평가인증 제도를 검토하기로 했다. 보육시실 평가인증 시범운영 예산도 1억 원이 배성되어 있었다.

예산에 맞추어 보육시설 평가인증 시범운영 추진계획을 수립했다. 2003년 한국여성정책연구원에서 개발한 보육시설 평가인증 지표와 당시 이미 개발된 보육시설 평가인증 연구보고서를 종합하여 지표를 개발했다. 그리고 보육시설 1,000개소를 대상으로 3개월간 시범운영하기로 했다. 평가인증 사무국은 한국여성정책연구원에 위탁하고, 심사기준과 절차는 5종의 평가인증 연구보고서를 비교·분석하여 종합적인 기준안을 마련했다.

보육시설 평가인증 시범운영 추진계획이 발표되자 민간 보육시설들이 거세게 반발했다. "정부에서 예산을 지원받기 위해 보육서비스 기준까지 정부의 방침에 따라야 하나요?" "영아 기본보조금은 보육시설 현장에서는 체감도 안 되는데 평가인증을 받기 위해 준비해야 하는 서류는 산더미처럼 늘어납니다." "보육교사들은 평가인증 서류 작성으로 아이를 제대로 돌볼 수 없습니다."

민간 보육시설장들은 다시 광화문으로 모여들었다. 보육시설 지침을 불태우고 "영유아보육 예산개편 책임자 나와라!"라고 소리쳤다.

나는 광화문 광장에서 시위하는 민간 보육시설장들 앞에 서서 설득했다. "보육시설 평가인증은 보육시설을 통제하기 위한 수단이 아닙니다. 민간 보육시설이 국공립·법인 보육시설과 동등하게 정부에서 예산을 지원받고 보육서비스 수준도 높이고 부모의 보육료 수준도 동일하게 만들기 위한 수단입니다. 보육시설 평가인증 제도는 민간 보육시설을 규제하기 위한 것이 아니라, 민간 보육시설을 부모들이 믿고 이용할 수 있도록 기준을 만들기 위한 과정입니다."

2005년 10~12월 3개월간 실시한 보육시설 평가인증 시범운영에 총 1,089개소의 보육시설이 참여하고 650개소의 보육시설이 평가인증을 통과했다. 보육시설 평가인증에 통과한 보육시설 중 21인 이상 규모의 보육시설이 422개소로 가장 많았고, 20인 이하 규모의 보육시설이 159개소, 영아 전담 보육시설이 57개소, 장애아 전담 보육시설이 12개소였다.

2005년 보육시설 평가인증 시범운영 후, 이 제도는 단계적으로 확대되었다. 2009년 보육진흥원의 조사에 따르면, 보육시설의 90.3%가 평가인증 제도에 만족한다고 응답했고, 63.8%가 보육환경 개선 효과를 실감했다고 했으며, 50.5%는 교사의 전문성과 직무역량 향상을 경험했다고 답했다. 부모들의 보육시설 평가인증 제도 인지도는 81.9%에 이르렀다.

아쉬움도 있다. 보육시설 평가인증 제도는 2008년 영유아보육 업무가 복지부로 다시 이관되면서 본래 의도와 목적이 구현되지 못했다. 당초 내가 구상한 평가인증 제도는 호주 사례처럼 정부 재정지원과 연계하여 민간 보육시설이 자발적으로 보육서비스 질을 높이도록 유도하는 방식이었다. 그러나 평가인증과 정부의 재정은 연계되지 않았고 현장에서 과도한 서류 작업으로 교사들의 업무 부담을 가중시키는 제도로 작동하고 있었다.

다행히 일부 지방자치단체에서 보육시설 평가인증 결과와 냉난방비, 교재교구비, 보육교사 수당 등 지원 항목을 연계하는 방안을 시도했다. 보육시설 현장에서 보육시설 평가인증의 실질적인 효과를 체감할 수 있게 하는 긍정적인 변화였다.

보육시설 평가인증 제도를 시범운영하고 도입한 지 20년이 지난 어느 날, 당시 시범운영에 참여한 민간 보육시설장들과 만났다. 그들은 2005년 10월 보육시설 평가인증 시범운영에 반대했던 상황을 기억하면서 이렇게 말했다.

"2005년에는 평가인증에서 제시한 기준을 따라가기 너무 벅찼어요. 당시 민간 보육시설은 너무 열악했고, 보육교사들은 열악한 인건비로 아이를 돌보기도 힘든 상황에서 평가인증 서류 작업까지 하기에는 무리가 있었고, 대다수 민간 보육시설에서 0~2세 영아를 돌보지 않았기에 정부에서 지원하는 예산을 체감하지 못해 이 제도에 대한 실효성에 의문이 들었습니다. 하지만 지금은 압니다. 그때 보육시설 평가인증 제도가 도입되지 않았다면, 민간 보육시설의 보육서비스 수준은 지금보다 훨씬 더 뒤처졌을 겁니다. 2005년에 신설된 0~2세 영아 기본보조금 제도가 민간 보육시설에 진짜 희망이었어요. 우리는 그걸 아직도 생생하게 기억합니다."

2004년 영유아보육 업무 이관 후 영유아보육 예산구조 변경과 표준보육비용 산정, 그리고 보육시설 평가인증 제도 도입이 보육시설 현장의 반발에 부딪히면서 의도하지 않게 보육시설에 불편을 주는 일처럼 느껴질 때도 많았다. 그러나 20년이 훌쩍 지난 후에 만난 보육시설장들이 2005년 당시의 나를 기억하고 영유아보육 정책이 보육현장에 도움이 되었다는 말을 들으니, 힘들고 어려웠던 시간이 헛되지 않았음을 알게 되었다. 제도를 바꾸는 일은 불편함을 수반하고, 그 불편함은 변화를 위한 진통이다.

직장어린이집 활성화 방안으로 맺어진 결실

2013년 3월 11일, 박근혜 정부 초대 여성가족부 장관으로 취임한 조윤선 장관이 취임 후 대통령 선거 과정에서 만난 기업 경영자들의 이야기를 전했다. 기업들은 직장어린이집을 설치·운영해야 한다는 사실을 알면서도 법령에서 정한 직장어린이집 설치기준을 맞추기 어려워 실행하지 못한다고 했다. 그래서 직장어린이집 설치의무 대상기업의 60% 이상이 직장어린이집을 설치하지 못하고 주변 어린이집에 위탁하거나 보육수당으로 대체하고 있었다. 조 장관은 직장어린이집 설치기준을 완화하여 더 많은 기업에서 설치할 수 있도록 방안을 마련하라고 지시했다.

그러나 직장어린이집 설치·운영 업무는 여성가족부 소관이 아니다. 2008년 이명박 대통령이 영유아보육 입무를 다시 보건복지부로 이관하여 영유아보육 업무는 보건복지부 소관이고 직장어린이집은 고용노동부 소관이다.

따라서 직장어린이집 설치기준 완화방안을 우리 부에서 검토하는 것은 맞지 않다. 그러나 영유아보육 업무 이관부터 보육에산 지원체계 개편, 보육시설 평가인증 제도 도입 등 보육 정책을 추진한 과거 경험을 바탕으로 직장어린이집 설치·운영 지침을 살펴보았다. 그 결과 조 장관이 전한 기업의 고충이 무엇인지 공감이 되었다.

나는 직장어린이집 설치·운영 지침을 토대로 문제점과 개선방안에 대한 아이디어를 정리하여 보고했다. 조 장관은 직장어린이집 설치기준 완화방안을 즉시 추진하라고 했다. 우리 부는 해당 업무의 소관 부처가 아니라서 직접 추진하기는 어렵다고 했다. 직장어린이집 설치기준을 완화하기 위해서는 기획재정부, 국토교통부 등 관련 부처의 협조가 필요하고 업무 소관 부처인 보건복지부와 고용노동부에서 반대할 것이라고 했다.

조 장관은 직장어린이집 설치기준 개선방안을 청와대 경제수석실에 전달하라고 했다. 개선방안을 전달받은 청와대 경제수석실에서 이를 기획재정부에 보냈고 기획재정부 차관보를 중심으로 보건복지부, 고용노동부, 국토교통부, 국방부, 여성가족부가 참여하는 '직장어린이집 활성화 방안 TF'를 구성하고 직장어린이집 설치·운영에 대한 개선방안 논의를 시작했다. TF에서 직장어린이집 활성화 방안 논의의 초안은 내가 정리한 개선방안이 출발점이 되었고, 보건복지부와 고용노동부는 직장어린이집 업무를 소관하는 부처도 아닌 여성가족부에서 직장어린이집 설치 개선방안을 마련했다는 사실에 불편함을 표시했다.

직장어린이집 활성화 방안 발표 형식은 이렇게 하기로 정했다. 국무회의에서 대통령에게 보고는 기획재정부가, 대국민 브리핑은 여성가족부가 맡기로 했다. 2013년 6월 10일 조윤선 장관은 고용노동부·보건복지부·기획재정부 등 관계 부처 합동으로 '직장어린이집 활성화 방안'을 발표했다. 주요 내용은 다음과 같다.

첫째, 직장어린이집 설치기준을 대폭 완화했다. 어린이집을 새로 짓거나 건물을 증축하는 경우, 어린이집 설치면적만큼 용적률을 완화하고, 아동 안전이 확보되면 건물의 5층까지도 설치 가능하도록 했으며, 놀이터는 옥외·실내·인근 지역 중에서 자유롭게 선택 가능하도록 했다. 또한 조리실은 어린이 음식 조리공간을 분리하는 조건으로 사업장과의 공동 이용을 허용했다.

둘째, 중소기업에 대한 지원을 확대했다. 단독 설치 시 지원 한도를 2억 원에서 3억 원, 공동 설치 시 5억 원에서 6억 원으로 인상했고, 보육교사 인건비 지원 단가를 월 100만 원에서 120만 원으로 상향했다. 지원 대상도 기존의 산업단지 외에 물류단지, 테크노파크, 과학연구단지 등으로 확대했다.

셋째, 고용보험 미적용 사업장인 군부대에도 지원을 확대했다.

2016년까지 군 관사 지역에 100개소 이상 어린이집을 확충하기로 했고, 기존 보육수당 제도는 2014년부터 단계적으로 폐지, 위탁보육 제도는 2016년까지 운영성과를 평가하여 2017년 이후 폐지를 검토하기로 했다.

넷째, 직장어린이집 설치의무를 이행하지 않는 기업에 대한 명단공표 제도를 강화했다.

우리 부에서 직장어린이집 설치운영 개선방안을 제안하는 것은 사실 적절하지 않았다. 조 장관의 지시를 받고 우리 부 업무 소관이 아닌 직장어린이집 설치기준 개선방안을 마련한다기보다 과거 영유아보육 업무를 수행한 경험을 토대로 직장어린이집 설치기준이 기업에서 어떤 불편함이 있는지 살펴본다는 차원에서 아이디어를 정리했다. 사실 직장어린이집 업무가 우리 부 소관이 아니었기에 나의 아이디어 제안이 예상을 뛰어넘는 성과로 이어질 것이라고 생각하지 못했다. 그러나 직장어린이집 활성화 방안으로 맺어진 결실은 큰 기쁨이었다. 반면에 고용노동부와 보건복지부의 공직자들에게 불편한 감정을 느끼게 한 점은 지금도 미안하다.

틈새 돌봄, 아이돌봄서비스

맞벌이가구 자녀돌봄 사각지대 보완

우리나라 출산율은 1980년대 후반부터 감소하기 시작해 2000년 이후에는 급격하게 감소하면서 2010년 이후에는 합계출산율이 1.0 이하로 떨어져 세계에서 가장 낮은 출산율을 기록하고 있다. 이에 노무현 참여정부는 아이를 낳으면 국가에서 키워주겠다고 했고, 여성의 경제활동 참여를 촉진하기 위해 저소득층 자녀의 복지 차원에서 시행되는 영유아보육 업무를 여성부로 이관했다. 박근혜 정부는 맞벌이가구의 자녀양육 부담을 경감해주기 위한 방안으로 보육시설을 이용하는 모든 아동에게 정부에서 보육료를 전액 지원하는 무상보육 정책을 시행했다. 그러나 우리나라는 세계에서 근로시간이 가장 길어 어린이집 확충만으로 맞벌이가구의 자녀양육 문제가 해소되지는 못했다. 부모의 출퇴근 시간과 어린이집 등하원 시간대의 차이로 맞벌이가구의 자녀돌봄 사각지대는 여전히 존재했다.

어린이집을 이용하는 아동은 오전 9시부터 오후 3시까지 주로 머물렀고 맞벌이가구 자녀는 부모가 퇴근할 때까지 남아 있어야 했다. 보육시설은 오후 3시 이후에 남아 있는 아이 1~2명을 위해 보육교사를 배치하고 보육교사 인건비를 부담해야 하는 어려움이 있었다.

여성가족부는 기존의 영유아 보육 정책만으로는 맞벌이가구의 출퇴근 시간대에 발생하는 자녀돌봄 공백을 해소하는 데 한계가 있다고 판단했다. 이에 따라 맞벌이가구가 출퇴근 시간대에 시간제로 이용할 수 있는 새로운 형태의 돌봄서비스 도입을 검토했다. 그리고 어린이집 하원 후 부모가 퇴근할 때까지 집에서 아동을 돌보는 '아이돌봄서비스'를 시범운영하기로 했다. 그러나 20인 미만 가정어린이집(놀이방)은 아이돌봄서비스 시행으로 보육아동이 감소될 것을 우려하여 아이돌봄서비스 도입을 반대했다.

따라서 2007년 아이돌봄서비스 시범운영 추진은 보육정책국이 아니라 가족정책국에서 담당하기로 하고, 「건강가정기본법」 제30조 규정을 근거로 시군구 건강가정지원센터에서 아이돌봄서비스를 연계하기로 했다. 「건강가정기본법」 제30조 규정에 따른 가정봉사원(아이돌보미)은 이론 및 실습 교육을 16시간 이수하고 시간당 5천 원의 이용료를 지급받기로 했다. 그리고 아이돌봄 서비스 이용료 5천원은 저소득층 가구의 경우 정부가 1천 원을, 이용자는 4천 원을 부담하고, 그 외 가정은 전액 본인이 부담했다.

그러나 2008년 3월 이명박 정부 출범 후 가족 정책과 아이돌봄 서비스 업무가 보건복지부로 이관되었다.

무거운 책임과 함께 돌아온 아이돌봄서비스

2007년 여성가족부에서 처음 시행된 아이돌봄서비스는 2008년 보건복지부로 이관되었다. 그리고 2010년 3월 아이돌봄서비스 업무는 다시 여성부로 이관되었다. 다시 돌아온 아이돌봄서비스 예산은 2007년보다 6배가 증가했다. 그러나 6배의 예산 증액보다 더 무거운 책임이 함께 돌아왔다.

도입 후 채 3년이 되지 않아 아이돌봄서비스는 출퇴근 시간대에 맞벌이가구에서 아이를 안심하고 맡길 수 있는 자녀돌봄서비스로 조금씩 자리를 잡아갔다. 정책은 때때로 정치의 격랑에 흔들리고 공직자의 의지와 관계없이 폐지되기도 한다. 아이돌봄서비스 업무 역시 역동적인 정치 현실에서 여러 난관에 부딪혔지만, 공직자의 설득과 협상으로 정책 수요자인 맞벌이가구에 실질적인 도움이 되는 정책이 되어갔다.

2010년 3월, 아이돌봄서비스 업무를 이관하는 과정에서 복지부는 '영아종일제' 예산 57억 원을 여성부로 이관하지 않겠다고 주장했다. 이로 인해 당초 3월 10일 체결하기로 한 가족·청소년 업무 이관 합의문은 난관에 부딪혔다.

영아종일제 예산 이관을 둘러싸고 복지부와의 협상에 난항을 겪으면서 우리 부 기획조정실장이 복지부를 설득해달라고 나에게 요청했다. 영유아보육 업무 이관부터 보육 예산구조 개편, 보육시설 평가인증제 도입 등 영유아보육 업무를 오랫동안 추진한 경험이 있기에 복지부의 주장에 가장 잘 대응할 것이라고 생각했기 때문이다.

기획조정실장의 지원 요청을 받은 후 차관과 함께 가장 먼저 국회 예결위원장실을 찾아갔다. 영아종일제 예산은 2010년도에 처음 편성되었고 국회에서 영아종일제 예산(57억)이 조건부로 의결되었기 때문이다. 국회 예결위원장에게 복지부에서 주장하는 영아종일제는 보육 정책 차원에서 추진하는 것보다 아동의 집에서 시간제로 제공하는 아이돌봄서비스의 연장선에 있는 서비스이고, 돌봄의 방식은 동일하며 제공시간만 확대되는 것이므로 이를 기존 시간제 아이돌봄서비스와 통합하여 운영하는 것이 정책 효율성과 현장 수용성 측면에서 더 바람직하다고 설명했다. 국회 예결위원장도 우리 부 의견에 동의했다.

기획재정부는 우리 부와 복지부의 입장을 동시에 듣기 위해 회의를 소집했다. 나는 시간제 아이돌봄서비스와 영아종일제 아이돌봄서비스를 분리하여 운영하면 아이돌봄서비스 연계성도 저하되고 수요자인 맞벌이가구에서 불편이 가중될 것이라고 했다. 복지부는 영아종일제 돌봄서비스는 보육서비스의 대체제이므로 보건복지부에서 추진해야 한다고 주장했다. 기획재정부는 우리 부 의견에 손을 들어주고, 영아종일제 예산도 여성부로 이관되어야 한다고 했다.

그러나 복지부 실무진은 영아종일제 예산 이관을 거부했다. 나는 사회 부처 회의 종료 후 청와대 연풍문에서 복지부 기획조정실장을 기다렸다. 그리고 복지부 기획조정실장에게 국회 예결위원장의 의견, 기획재정부 회의 결과 등 그간의 영아종일제 예산 이관을 위한 추진 경위와 함께 영아종일제 업무가 여성부로 이관되어야 할 이유를 설명했다. 나의 설명을 들은 복지부 기획조정실장은 영아종일제 예산 이관에 동의했다. 그리고 2010년 3월 10일 가족·청소년 정책과 함께 영아종일제 예산 57억도 여성부로 이관되었다.

그러나 아이돌봄서비스 업무 이관 후 우리 부는 기쁨보다 무거운 책임감이 더 컸다. 영아종일제 예산 57억 이관을 반대한 복지부를 설득하는 데 집중하느라 시간제 아이돌봄서비스 예산이 2009년 대비 삭감된 채 이관되었다는 사실을 업무 이관 후 뒤늦게 알았다. 아이돌봄서비스를 이용하는 아동은 특별한 사정이 생기지 않는 한 계속 이용하기를 희망한다. 따라서 전년도에 이용한 아이돌봄서비스 이용가구는 해가 바뀌어도 줄지 않으므로 예산은 전년보다 통상 증가되어야 한다. 그런데 시간제 아이돌봄서비스 예산은 2009년 224억보다 71억이나 감액된 153억이었다. 복지부는 2009년 글로벌 금융위기로 추경 71억이 본 예산에 편성되지 않았다고 해명했지만 삭감된 예산에 대한 이용가구의 원망은 고스란히 업무를 이관받은 우리 부로 향했다.

신규 이용가구에 대한 돌봄서비스 지원이 불가능함은 물론이고 현재 이용가구 중 약 3만 명이 아이돌봄서비스 이용을 중단해야 했다. 복지부는 아이돌봄서비스 예산을 삭감하면서 이에 대한 후폭풍을 예측하지 못했을까? 아니면 아이돌봄서비스 업무가 여성부로 이관된다고 판단해 의도적으로 예산을 감액하여 이관했을까?

아이돌봄서비스 업무 이관 후 가족지원과는 지자체 공무원의 예산 부족 문제에 대한 해결방안, 이용자의 이용 중단 우려에 대한 민원, 언론의 비판 보도, 국회의 지적 등으로 혼란에 빠졌다. 가족지원과는 가장 먼저 기획재정부에 2010년도에 부족한 예산 84억을 예비비로 지원해달라고 요청했다. 그러나 기획재정부는 이 요청을 거절하고 시간제 아이돌봄서비스 예산을 지원하지 않았다. 가족지원과는 부족한 예산에 대응하기 위해 어린이집을 이용하는 맞벌이가정은 지원대상에서 제외하고, 이용가구의 아이돌봄서비스 이용시간도 줄였다.

2009년 5월 나는 경력단절여성 재취업 지원을 위한 「경력단절
여성지원법」을 제정하고, 경력단절여성지원과를 신설했으며, 여
성새로일하기센터를 신규로 지정하는 업무를 추진했다. 경력단
절여성 재취업 지원 시스템이 안정화되자 해외 과장급 직무 파견
을 준비하고 있었다. 그러나 아이돌봄서비스 업무 이관 후 시간
제 아이돌봄서비스 예산 부족으로 들끓는 민원 등에 대응하기 위
한 '소방수'로 차출되었다.

우리 부는 시간제 아이돌봄서비스 예산 부족 문제에 대응하
기 위한 TF가 구성되었고, 나는 TF 총괄팀장으로 배치되었다.
2010년 7월 1일부터 지자체 공무원, 아이돌봄서비스 이용자, 아
이돌보미, 아이돌봄서비스 연계기관 등과 릴레이 간담회를 진행
하면서 현장 의견을 들었다. 그리고 현장의 의견을 기초로 아이
돌봄서비스 운영지침을 개정하고, 아이돌봄서비스 예산을 증액
하기 위해 세종시을 오가면서 기획재정부 관계자들을 만나고 예
산 증액 이유를 설명했다. 기획재정부 관계자를 만나지 못하면
기획재정부 복도에 있는 의자에서 밤을 새우고, 그들이 밥을 먹
으러 가거나 커피를 마시는 휴식시간에 인사를 하면서 대기하고
있다는 것을 알린 뒤 설명할 기회를 얻기 위해 기다렸다. 그리고
시간제 아이돌봄서비스 예산을 153억에서 342억으로, 영아종일
제 예산은 57억에서 60억 원으로 증액했다.

나아가 아이돌봄서비스가 안정적으로 제공될 수 있도록 법적

근거를 마련하기로 했다. 2007년 시작된 아이돌봄서비스는 「건강가정기본법」 제30조가 법적 근거인데, 이 규정은 가정봉사원을 근거로 하여 아이돌봄서비스의 기반이라고 보기 어렵다. 따라서 아이돌봄서비스가 안정적으로 제공되기 위해서는 근거 법률이 필요하다. 2010년에 「아이돌봄지원법」 제정안을 마련하고 2012년 「아이돌봄지원법」이 국회를 통과하면서 아이돌봄서비스의 법적 근거가 마련되었다.

아이돌봄서비스가 우리 부로 이관되는 과정에서부터 시작된 여러 가지 문제로 2010년은 너무나 힘든 한 해였다. 그러나 우리 부 직원들은 한마음으로 뭉쳐 그 위기를 이겨냈고, 아이돌봄서비스는 국민에게 사랑받고 신뢰하는 여성가족부 대표 가족 정책으로 자리를 잡았다. 그리고 나는 2010년 12월 말 앞서 이야기한 미국 샌프란시스코 시청으로 과장급 파견 근무를 떠날 수 있었다.

실효성 없는 보육교사형 아이돌봄서비스

2013년, 박근혜 대통령 당선 후 대통령직인수위원인 김현숙 의원이 아이돌봄서비스에 새로운 유형을 제안했다. 하나는 보육교사 자격증을 보유한 아이돌보미는 이용자가 추가로 수당을 지불하고, 다른 하나는 이이돌봄서비스와 더불어 빨래, 청소 등 가사서비스를 제공하면 이용자가 추가로 수당을 지불하는 방식이었다.

나는 김현숙 인수위원의 제안사항에 대하여 신중히 검토해야 한다고 했다. 당시 아이돌보미의 절반 이상이 보육교사 자격증을 보유하고 있었고, 아이돌봄서비스 이외 빨래·청소 등의 가사서비스 제공 시 아이돌보미가 가사서비스를 하는 동안 아동이 안전사고에 노출될 위험이 높아지기 때문이다. 또한 아이돌보미는 아이를 돌보는 전문가로 인정받기를 원하는데 빨래·가사 서비스 추가 시 자긍심이 저하될 우려가 있다.

그럼에도 김현숙 인수위원은 아이돌봄서비스에 보육교사와 가사서비스 추가에 강한 의지를 보이면서 국정과제에 포함시켰다. 그리고 인수위원을 마치고 국회로 돌아간 김현숙 위원은 보육교사형과 가사서비스 추가에 대한 법적 근거를 마련하기 위해 「아이돌봄지원법」 개정안도 대표발의했다. 담당과장인 나는 법령 개정을 신중히 검토해달라고 다시 한번 김현숙 의원실에 전달했다. 그러나 보육교사형과 가사서비스 추가를 위한 「아이돌봄지원법」 개정안은 2013년 5월 28일 국회를 통과했다. 그나마 다행인 것은 국회 여성가족위원회 법안소위 심의과정에서 보육교사형은 2세 이하 영아를 대상으로, 종합가사형은 아동과 관련된 가사서비스로 업무 범위가 축소되었다.

보육교사형과 종합가사형을 추가하기 위한 법률 개정 후, 본사업에 앞서 시범운영을 추진하여 예상되는 문제점 능 우려사항을 점검하기로 했나. 그리고 보육교사형과 종합기사형 시범운영을 2개월간 실시했다. 시범운영 결과, 104가구에서 이용을 신청하고 108명의 아이돌보미가 활동하기를 원했으나 실제로 연계된 이용가구는 4가구에 그쳤다. 아이돌봄서비스는 이용가구와 아이돌보미 간의 합의하에 연계되는 방식이다. 이러한 아이돌봄서비스의 구조적인 특성으로 아이돌봄서비스의 '수요-공급 간 미스매칭' 문제는 늘 존재하고 있다.

보육교사 및 가사서비스가 추가된 아이돌봄서비스 시범운영이 종료된 후 여성가족위원회 국정감사가 있었다. 나는 예상 질의서와 장관님의 답변서를 작성하고 있었다. 그러던 중 김현숙 의원이 보육교사 등 시범운영 결과에 대하여 연계실적이 저조하다고 지적할 가능성이 있다고 판단하고 사전에 조윤선 장관에게 시범운영 추진경위 및 결과를 상세하게 보고했다. 그리고 다음 날 나의 예상은 빗나가지 않았다.

2013년 11월 6일 국정감사 당일, 김현숙 의원은 보육교사형과 종합가사형 시범운영 결과 연계실적이 낮은 원인이 보육교사형과 가사서비스 추가에 대한 시범운영을 담당과장이 소극적으로 추진했기 때문이라고 지적했다. 보육교사형과 종합가사형 시범운영 지역선정이 잘못되었다고 지적하면서 서울시와 경기도처럼 이용 수요가 많은 지역은 시범운영 지역에서 제외하고 보육교사 자격증 보유자가 적은 지방에서 시범사업을 실시함으로써 의도적으로 보육교사형 연계실적이 저조하게 나오게 했다고 했다.

그리고 적극적으로 보육교사를 채용했다면 보육교사형 연계 실적이 낮지 않았을 것이라면서 담당과장이 이 사업이 실패하도록 유도한 것이 아니냐고 의구심을 제기했다. 김현숙 의원의 질의는 오전에 이어서 오후에도 반복되었다. 전북 부안의 사례에서 이용 수요는 있으나 아이돌보미 공급이 없었다는 것은 명백히 준비 부족의 증거라고 했다.

시범운영 결과를 살펴보면, 부안 지역은 보육교사 자격증 보유자가 없어서 추가비용을 지불하고 이용을 원하는 수요가 있었으나 아이돌보미와 연계되지 못했다. 그러나 서울시와 경기도는 활동 중인 보육교사 자격증 보유자가 많아서 이용자가 추가비용을 지불하면서까지 보육교사 자격증 보유자를 선택하려 하지 않았다. 이러한 지역적 여건의 차이를 담당과장이 의도적으로 조작하거나 조정하기는 불가능하다. 그러나 김현숙 의원은 국정감사 내내 보육교사형 등의 시범운영 결과가 추진계획부터 의도성을 가지고 있었다고 질타를 이어갔다.

유난히 힘들었던 국정감사를 마치고 사무실로 복귀하던 중에 김현숙 의원실 보좌관에게서 전화가 왔다. 국정감사를 마치고 김현숙 의원이 장관에게 보육교사형 등 시범운영에 대한 책임으로 담당과장의 직위해제를 요청한다고 전했다. 그러나 장관은 국정감사 후 나를 직위해제도, 문책도 하지 않았다.

보육교사형과 종합가사형 시범운영 후 2014년부터 본 사업으로 합류되었다. 그러나 보육교사형은 서비스 연계 실적이 없었고, 종합가사형도 매우 극소수만 이용했다. 국정감사 및 보육교사형 시범운영 후 9년이 흐른 2022년 7월, 김현숙 의원은 여성가족부 장관으로 취임했다. 그리고 당시 제안했던 보육교사형과 종합가사형이 실효성이 부족한 정책이었다는 점을 인정했다. 나아가 실효성이 없는 보육교사형은 「아이돌봄지원법」에서 삭제하기로 했다.

2013년 보육교사형 아이돌봄서비스 도입과정에서 정책을 설계하고 집행하는 공직자의 의견은 무시되고 국회의원의 힘으로 정책이 왜곡되는 사례를 경험했다. 행정부에 대한 국회의 견제 기능은 중요하다. 그러나 정책은 복잡한 이해관계와 구조 속에서 추진된다. 따라서 잘못된 관점과 이해로 정책이 왜곡되지 않도록 국회의 견제 기능이 더욱 신중하고 합리적인 방향으로 이루어지길 바란다.

무용지물이 된 민간 베이비시터 신원확인증명서

여성가족부 가족정책 중 국민에게 가장 신뢰받는 정책으로 자리 잡은 아이돌봄서비스는 이용자의 만족도가 매년 90% 이상이다. 아이돌봄서비스를 이용한 이용가구에서 앞으로도 계속 이용하기를 희망하는 비율은 98.3%(2022년)이다. 아이돌봄서비스는 맞벌이가구의 출퇴근 시간대에 발생하는 자녀돌봄 공백을 메우는 보육시설의 보완재로 시작되었으나 지금은 맞벌이가구에서 가장 선호하는 자녀돌봄 제도로 자리매김했다. 따라서 아이돌봄서비스의 이용수요는 지속적으로 증가하는 반면 돌봄인력이 부족하여 아이돌봄서비스가 연계되기까지 대기시간이 길어지고 있다.

여성가족부는 이러한 아이돌봄서비스의 대기 문제를 해소하기 위해 매년 아이돌보미 양성교육 규모를 확대하고 있다. 그러나 양성교육을 이수한 이후 실제로 활동하는 아이돌보미는 낮은 돌봄수당으로 인해 더 높은 수당을 받을 수 있는 일자리를 찾아 떠나고 있다. 이에 여성가족부는 아이돌보미의 안정적인 활동을 유도하기 위해 매년 돌봄수당을 인상하고 있다.

다만 돌봄수당 인상이 부모의 아이돌봄서비스 이용료 인상으로 이어질 수밖에 없는 구조적 한계가 있다. 따라서 여성가족부는 아이돌보미의 돌봄수당은 인상하되, 그 부담이 부모에게 전가되지 않도록 매년 아이돌봄서비스 예산을 증액하는 방식으로 대응하고 있다.

아울러 아이돌보미의 처우 개선을 위해 2012년에는 4대 보험과 퇴직금 제도를 도입했고, 2019년에는 주휴수당 지급 제도도 신설했다.

아이돌봄서비스 이용을 희망하는 맞벌이가구는 아이돌보미 부족으로 연계되지 못하고 길어지는 대기시간 동안에 민간 베이비시터를 이용한다. 그러나 정부는 민간 베이비시터 및 베이비시터를 연계하는 민간 서비스기관을 관리하지 않는다. 따라서 베이비시터는 대부분 양성교육도 이수하지 않고 범죄경력 조회 및 건강검진 기록도 확인하지 않은 채 자녀를 돌봐주는 상황이라 부모들의 불안감은 매우 높다. 민간 베이비시터를 이용하는 맞벌이가구는 안심하고 이용할 수 있도록 국가에서 관리해주기를 요구해왔다.

2012년 국민권익위원회에서 민간 베이비시터를 이용하는 맞벌이가구의 불안감이 해소될 수 있도록 민간 베이비시터 관리방안을 우리 부에 권고했다. 그에 따라 우리 부는 2013년부터 2년간 민간 베이비시터 무료 양성교육을 위한 예산을 확보하고 양성교육을 추진했다. 그러나 정부에서 민간 베이비시터를 관리하지 않아 실태를 파악하기 어려웠고 민간 베이비시터의 양성교육 참여실적도 저조했다. 민간 베이비시터는 양성교육을 이수해야 할 의무 규정이 없으므로 양성교육에 자발적으로 참여하도록 유도하는 데에는 한계가 있었다.

2019년 송희경 의원은 민간 베이비시터 관리를 위한「아이돌봄지원법」개정안을 대표발의했다. 개정안은 민간 베이비시터를 육아도우미로 규정하고 여성가족부 장관이 민간 베이비시터의 건강상태 및 범죄경력을 조회한 후 신원확인증명서를 발급하는 것이 주요 골자다. 송희경 의원이 대표발의한 민간 베이비시터 신원확인을 위한 개정안이 2020년 5월 19일 통과되었다. 그러나 개정 법률이 시행된 이후 민간 베이비시터 신원확인증명서는 한 건도 발급되지 않았다.

민간 베이비시터 신원확인증명서는 민간 베이비시터를 이용하는 이용자의 불안감을 해소할 수 있는 장치이자 민간 베이비시터와 이용자를 연계하는 기관 입장에서도 이용자의 신뢰도를 높이는 데 매우 유용하게 활용할 수 있는데도 왜 현장에서 이용하지 않았을까? 민간 베이비시터 이용자들은 오래전부터 민간 베이비시터에 대한 불안감을 해소하기 위해 정부에서 관리해주기를 요구해왔는데 왜 이 제도는 무용지물이 되었을까?

민간 베이비시터 신원확인증명서 발급 제도는 현실적으로 이용가구에서 안심하고 이용할 수 있는 제도의 틀을 갖추지 못하고 여성가족부 장관의 신원확인증명서 발급만 규정되어 있기 때문이다. 우리 부에서 운영하는 아이돌봄서비스에 대한 이용자의 만족도가 높고 이용가구에서 계속 이용하기를 희망하는 것은 아이돌보미 양성교육부터 매년 보수교육을 실시하고 범죄경력 조회, 건강상태 확인 등을 지속적으로 관리하기 때문이다. 그러나 송희경 의원이 대표발의한 민간 베이비시터 신원확인증명서는 양성교육 이수 의무규정도 보수교육 체계도 없고, 범죄경력 및 건강관리 상태 확인도 일회성 절차에 그쳐 지속적으로 관리할 수 있는 체계가 마련되지 않았다. 그 결과 민간 베이비시티 신원확인증은 본래의 목적을 달성하기에는 실질적인 실효성을 갖추지 못했다. 따라서 민간 베이비시터 신원확인증명서를 발급한 이후 민간 베이비시터를 지속적으로 관리할 수 있도록 서비스 연계기관 관리 방안이 같이 있어야 한다. 2013년 보육교사형 아이돌봄서비스를 도입했으나 실제 활용되지 못하고 폐기된 정책처럼 민간 베이비시터 신원확인증명서 발급 제도도 도입 목적에 부합하도록 관리 체계가 동시에 마련되었어야 한다. 제도는 존재하는 것이 아니라 현장에서 요구하는 데 부합해 작동되어야 하는 것이다.

2020년 개정된 「아이돌봄지원법」은 시도 단위에 광역지원센터 설립근거도 규정되어 있다. 광역지원센터는 시·도지사가 시군구에서 활동하는 아이돌보미를 직접 채용하고 복무를 관리하는 제도다. 그러나 시도별 광역지원센터 지정에 17개 시도에서 거세게 반발했다. 시도별 아이돌보미 채용인원이 너무 많고 그에 따른 행정부담도 배가된다는 것이다. 또한 시도에서 광역지원센터를 위탁운영하겠다는 단체 등이 없다고 했다. 경기도는 2022년 기준으로 아이돌보미 활동인원이 5,923명이고, 서울시는 4,131명이었다. 시도 광역지방자치단체는 광역지원센터 설치운영에 따른 부담을 감당하기 어렵다고 법률 시행을 거부했다. 따라서 광역지원센터 지정·운영도 보육교사형 아이돌봄서비스, 민간 베이비시터 신원확인증명서와 마찬가지로 '사문화된 제도'가 되어갔다.

17개 시도 지방자치단체 공무원들은 광역지원센터 지정·운영에 대한 법률 개정 과정에서 의견 수렴이 부족했다고 항의했다. 「아이돌봄지원법」 개정 과정에서 우리 부가 제도 실행 가능성을 검토하지도 않았고 지자체 등 현장의 의견도 충분하게 수렴하지 않고 법률이 개정되었다고 비판했다.

2022년 1월 가족정책관 보직 발령 후 가장 먼저 광역지원센터와 민간 베이비시터 신원확인증명서 제도 도입의 문제점을 파악하기 위해 17개 시도 과장회의를 정례화하고 민간 베이비시터 기관의 실태조사도 실시했다. 그리고 실태조사 및 의견수렴 결과를 반영하여 아이돌보미 채용 및 복무 관리는 기존 방식처럼 시군구 아이돌봄서비스 제공기관에서 담당하고 시도 광역지원센터는 돌봄인력 수급관리, 돌봄서비스 모니터링, 노무관리 지원업무를 담당하는 것으로 조정하기 위해 「아이돌봄지원법」을 개정하기로 했다.

한편 아이돌보미 공공연대노동조합은 시도 광역지원센터에서 아이돌보미를 직접 채용해야 한다고 주장하면서 감사원에 감사청구를 했다. 그러나 감사원은 시도 광역지원센터에서 아이돌보미 채용 후 시군구 아이돌봄서비스 제공기관에 파견하는 것은 파견법 위반 소지가 있다는 이유로 아이돌보미 공공연대노동조합의 감사청구를 기각했다.

아이돌봄서비스 미스매칭의 해법

2020년 12월, 문재인 정부 마지막 여성가족부 장관으로 취임한 정영애 장관은 외손녀의 아이돌봄을 지원하기 위해 아이돌봄서비스를 신청했으나 2년이나 기다려도 연계되지 않아 포기했다고 했다. 정영애 장관은 여성가족부에서 국민들로부터 가장 신뢰받는 아이돌봄서비스를 필요할 때 이용하지 못한다면 그림의 떡에 불과한 제도라고 지적했다. 그리고 장관 재임 중에 오랫동안 해결되지 못하는 아이돌봄서비스의 미스매칭 문제를 근본적으로 해결해야 한다고 했다.

2022년 3월, 제20대 대통령으로 당선된 윤석열 대통령은 선거 과정에서 '여성가족부 폐지'를 공약했다. 대통령 당선인 인수위원회는 우리 부의 업무는 보고도 받지 않고 공무원 파견도 받지 않으려 했다. 따라서 국정과제에 우리 부 정책이 포함되지 않을까 봐 우려했다. 그러나 다행히 가족 정책은 국정과제로 포함되었다.

2022년 3월 10일, 대통령 당선 소식을 접한 뒤 윤석열의 대통령 후보 당시 공약집을 살펴보았다. 공약집에는 아이돌봄서비스 관련 내용이 다수 포함되어 있었다. 나는 정영애 장관에게 '아이돌봄서비스 개편 TF 구성'을 요청했다. 장관은 대통령 당선인이 부를 폐지하겠다고 공약했고 정부가 출범하면 부처가 폐지될 텐데 왜 정책을 잘 만들어서 보내려 하느냐고 했다. 나는 좋은 정책을 만들어야 부처가 폐지되지 않고, 공직자는 대통령이 아니라 국민을 위해 정책을 만들어야 한다고 했다. 또한 부처가 폐지되더라도 정책은 계속되어야 하니 내가 업무를 수행하는 순간까지 정책을 개선하겠다고 했다. 장관은 잠시 침묵했다. 그리고 말했다. "공직자는 다르네요." 그리고 아이돌봄서비스 개편 TF 구성을 허락해주었다.

2022년 3월, 아이돌봄서비스 개편 TF가 구성되고, 서기관 1명, 사무관 2명, 주무관 1명이 보충되었다. 나는 아이돌봄서비스 및 민간 베이비시터의 실태조사를 실시하고 전국 17개 시도 지자체 공무원, 아이돌보미 노조, 아이돌봄서비스 기관 종사자, 아이돌봄서비스 이용자 들과 간담회를 하면서 다양하게 의견을 들었다. 아이돌봄서비스 실태조사 결과에 따르면 이용자의 만족도는 90% 이상이고 지속 이용 희망률은 98.3%이며, 이용수요 대비 돌봄인력 부족이 가장 큰 문제점으로 나타났다. 아이돌봄서비스의 이용수요는 지속 증가하고 있으나 아이돌보미는 수당이 조금이라도 더 높은 일자리를 찾아 떠나고 있었다. 여성가족부에서는 부족한 아이돌보미 공급을 위해 매년 아이돌보미 양성교육을 확대하고 있으나 이용수요에 충족하지 못해 아이돌봄서비스를 이용하고자 신청하는 가구의 서비스 연계까지 심각할 정도로 긴 시간을 대기해야 했다. 아이돌보미의 평균 연계 기간이 24일로 나타났으나 기다리지 못하고 떠난 이용가구를 포함하면 평균 대기

시간은 훨씬 더 길다.

아이돌보미 공급 부족은 여러 구조적인 요인이 복합적으로 작용한 결과다.

첫째, 아이돌봄서비스 제공기관에서 노무관리 부담으로 아이돌보미 인력을 확대하지 않고 있다. 이유는 아이돌보미 인력이 증가할수록 노무관리 부담이 커지기 때문이다.

둘째, 아이돌보미 양성교육 체계방식의 구조적인 문제다. 아이돌봄서비스 제공기관에서 아이돌보미를 먼저 채용한 뒤 양성교육을 실시하는 방식이다. 따라서 양성교육 과정에 중도 포기자가 발생하면 즉시 양성교육 대상자를 충원할 수 없어 아이돌보미 공백이 발생하고 있다.

셋째, 아이돌보미가 받는 돌봄수당 수준이 낮은 데다 하루 돌봄 평균 연계시간이 3시간에 불과해 아이돌보미의 월평균 수입이 100만 원 수준이다. 따라서 이러한 소득으로는 생계를 유지하기 어렵다고 판단하고 아이돌보미들이 더 나은 조건의 일자리를 찾아 떠나는 일이 반복되고 있다.

넷째, 시군구에서 공공 아이돌봄서비스 제공기관을 1개소만 지정하도록 규정되어 아이돌봄서비스 이용수요에 적시에 탄력적으로 대응하지 못하고 있었다.

이러한 아이돌보미 공급 부족 문제를 해결하기 위해 가장 먼저 아이돌보미 양성교육 체계를 개편하기로 했다. 우리 부에서 예산을 확보하고 17개 시도 지방자치단체를 통해 아이돌보미 양성교육을 실시하는 방식을 고용노동부의 '내일배움카드'로 전환하고, 아이돌보미 선 채용 후 교육하는 방식에서 선 교육 후 채용하는 방식으로 개편했다. 아이돌보미 양성교육도 80시간에서 120시간으로 교육시간을 확대하고 교육내용은 이론보다 실습 중심으로 강화했다.

두 번째는 시군구별로 아이돌봄서비스 제공기관을 2개 이상 지정하도록 한 아이돌봄서비스 운영지침을 개정하고 지자체에서 아이돌봄서비스 이용수요에 맞게 자율적으로 지정하도록 했다.

세 번째는 아이돌보미의 돌봄수당은 인상하되 부모의 이용비용 부담이 증가하지 않도록 정부지원을 확대하는 구조로 개편했다.

마지막으로 민간 베이비시터 신원확인증명서를 실효성 있게 개편하여 민간 베이비시터를 이용하는 부모들이 안심하고 이용할 수 있도록 민간서비스 기관을 등록관리하고, 베이비시터는 공공 아이돌보미와 동일한 양성교육을 이수하고 범죄경력 및 건강관리 상태를 확인받는 국가자격증 제도를 도입하기로 했다.

아이돌보미 공급 부족 문제를 중심으로 개편한 「아이돌봄서비스 고도화 방안」은 2023년 2월 16일 국무총리 주재 국정현안 조정회의에서 심의한 후 발표했다. 그리고 같은 날 오후 5시 김현숙 장관은 윤석열 대통령에게 「아이돌봄서비스 고도화 방안」을 대면 보고했다. 윤석열 대통령은 보고를 받고 「아이돌봄지원법」 개정을 신속하게 추진하고「아이돌봄서비스 고도화 방안」을 추진할 수 있도록 아이돌봄지원과 신설도 추진하라고 했다. 여성가족부 폐지를 공약한 대통령이 여성가족부에 조직 신설을 허락한 것은 매우 의미가 컸다.

대통령 보고를 마친 장관은 곧바로 내게 전화를 했다. 장관은 아이돌봄지원과 신설을 대통령이 동의했으니 신속하게 추진하라고 했다. 나 또한 장관의 전화를 받자마자 기획조정실에 장관의 지시사항을 전달하고 행정안전부와 신속하게 협의를 요청했다. 그러나 기획조정실은 한 달이 지나도 행정안전부와 협의한 내용을 전달해주지 않았고, 기획조정실은 행정안전부에 전화만 한 통 하고 더 이상 진행하지 않고 있었다.

목마른 사람이 우물 판다고 기획조정실에서 진행하는 상황만 지켜볼 수 없었던 나는 세종시로 내려가 행정안전부 관계자를 직접 만났다. 행정안전부 담당과장은 우리 부의 성의 없는 일 처리 방식에 매우 유감을 표하면서 과를 신설하겠다고 전화만 한 통 하고 직접 방문한 사람은 내가 처음이라고 했다. 나는 행정안전부 과장에게 아이돌봄서비스 개편방안 및 아이돌봄지원과 신설의 필요성을 적극적으로 설명했다. 행정안전부 과장은 아이돌봄지원과 신설에 적극 공감하나「아이돌봄서비스 고도화 방안」이 구체적으로 시행되기 이전이라 과 신설이 먼저 검토되는 것은 어렵다고 했다. 나는 과 신설이 먼저 되어야 개편방안을 추진할 수 있다고 다시 설명했다. 설명을 들은 과장은 「아이돌봄지원법」 개정안이 국회 여성가족위원회에서 통과되면 그때 검토하겠다고 했다. 아이돌봄지원과 신설이 바로 검토되지 못하는 것은 아쉬웠으나 「아이돌봄지원법」 개정안이 국회에서 하루빨리 논의될 수 있도록 준비하기로 했다. 그리고 청사로 돌아오는 길에 장차관에게 행정안전부와 협의한 결과를 보고했다.

행정안전부와 협의한 다음 날부터 나는 「아이돌봄지원법」 개정안을 마련하고 국회 여성가족위원회 여야 간사 및 법안소위 위원을 중심으로 「아이돌봄서비스 고도화 방안」 및 「아이돌봄지원법」 개정의 필요성을 설명했다. 그리고 「아이돌봄지원법」 개정안을 국회에서 발의해달라고 동시에 요청했다. 정부에서 법안 발의하는 것보다 국회에서 법안 발의하는 것이 절차가 간소하여 개정시간을 단축할 수 있기 때문이다. 다행히 여성가족위원회 여당 간사실에서 「아이돌봄지원법」 개정안을 대표발의하기로 했다.

법률 개정안의 핵심은 아이돌보미 공급을 확대하는 것이다. 공공 아이돌봄서비스 제공기관은 확대하고 민간 베이비시터 기관은 정부에서 관리하고, 돌봄인력은 공공·민간 모두 의무적으로 양성교육을 이수하고 범죄경력 및 건강관리를 확인하는 국가자격증 제도를 도입하는 것이다. 또한 실효성이 없는 아이돌보미 재용관리 업무를 광역지원센터에서 서비스 제공기관으로 이관하고, 2013년 도입된 보육교사형 아이돌봄서비스는 삭제하기로 했다.

2023년 4월 발의된「아이돌봄지원법」개정안은 5월 국회 여성가족위원회 법안소위에서 심의안건으로 상정되었다. 그러나「아이돌봄지원법」개정안은 심의보류되었고, 이후 여야 간 이견으로 법안소위가 열리지 않았다. 이로 인해 나는 행정안전부에 아이돌봄지원과 신설을 검토해달라고 요청하지도 못하고 기다려야 했다.

2022년 3월 아이돌봄서비스의 공급 부족 문제를 해결하기 위해 TF를 구성하고 2023년 2월「아이돌봄서비스 고도화 방안」을 마련하고 2023년 4월「아이돌봄지원법」개정안이 발의되었으나 국회 여성가족위원회 법안소위가 개최되지 않아 2년간의 노력이 결실을 맺지 못하고 중단되었다. 국회 여성가족위원회 법안소위를 여는 일은 내가 노력한다고 되는 일이 아니므로 안타까운 마음으로 기다릴 수밖에 없었다.

그렇게 시간이 흘러 2024년 2월 어느 날, 국회 여성가족위원회 여당 간사실에서 전화가 왔다. 22대 총선을 앞두고 국회 여성가족위원회 여야 간사 합의하에 법안소위가 2024년 2월 21일 개최되기로 했다고 했다. 여당 간사실 보좌관은 21대 마지막 여성가족위원회 법안소위에서「양육비이행법」개정안을 중심으로 심의할 예정이니 이번 소위에서 반드시 처리해야 할「양육비이행법」개정안의 목록을 정리해서 보내라고 요청했다. 나는 보좌관에게

「양육비이행법」 개정안과 함께 이번 소위에서 반드시 「아이돌봄지원법」 개정안도 심의해달라고 요청했다. 이때 나는 몸과 마음이 지쳐 휴가 중이었으나 다음 날 바로 출근을 강행했다.

그리고 가족정책국 법안 대비방을 개설하고 국회 여성가족위원회 법안소위 위원실을 일일히 방문하여 「아이돌봄지원법」 개정안을 설명했다. 물론 대다수 국회의원은 22대 총선을 앞두고 지역으로 내려가서 의원들을 만나기는 어려웠다. 대신 의원실 보좌관에게 법안개정의 주요 내용과 필요성을 반복해서 설명했다. 22대 총선을 앞둔 시점인데도 「아이돌봄지원법」 개정안의 필요성과 주요 내용을 직접 듣고 검토해준 김한규 의원에게 감사드린다.

2024년 2월 21일 오전 10시, 여성가족위원회 법안소위 심의가 시작되었다. 법안소위에 상정된 개정안이 하나씩 심의되었다. 가족 정책 소관 법안은 「한부모가족지원법」 개정안이 가장 먼저 상정되었다. 그리고 「양육비이행법」 개정안이 상정되었다. 그러나 「아이돌봄지원법」 개정안은 법안소위에 상정도 되지 않았다. 그리고 21대 국회 임기 만료로 개정안은 자동 폐기되었다.

2010년 3월 아이돌봄서비스 업무가 복지부에서 우리 부로 이관된 이후 나는 4번이나 이 업무를 담당했다. 2010년 3월 복지부에서 아이돌봄서비스 업무가 이관되기 이전부터 내 업무 소관이 아닌데도 지원 요청 한마디에 발 벗고 나서서 영아종일제 예산

이관을 거부하는 복지부를 설득했고, 부족한 시간제 아이돌봄서비스 예산을 확대했다. 그리고 「아이돌봄지원법」 제정안을 마련하고, 아이돌보미의 처우개선을 위해 4대 보험 및 퇴직금 제도를 도입했다. 또한 아이돌봄서비스 행정전산망 구축 및 12개월 이하 영아종일제를 신설했다.

아이돌봄서비스 업무를 담당할 때마다 시대의 변화로 현장과 맞지 않는 내용을 개선하기 위해 노력했다. 그 결과 우리 부 가족정책 중 국민으로부터 가장 신뢰받는 정책으로 자리를 잡아갔다. 그리고 2023년 아이돌봄서비스의 가장 큰 문제인, 국민이 필요할 때 이용하지 못하는 돌봄인력 부족을 해결하기 위해 아이돌보미 양성교육 방식 개편, 광역지원센터 기능 조정, 민간서비스 기관 등록, 민간 베이비시터 양성교육, 아이돌보미 국가자격증 제도 도입방안을 설계했으나 국회에서 「아이돌봄지원법」 개정안을 처리해주지 않아 끝내 결실을 맺지 못하고 말았다.

그동안 축적된 아이돌봄서비스 제도의 문제들을 해결하기 위한 「아이돌봄서비스 고도화 방안」은 「아이돌봄지원법」 개정안에 모두 묶여 있었다. 그 마지막 열쇠가 21대 국회에서 문턱을 넘지 못하면서 아이돌봄서비스 공급 부족 문제도, 아이돌봄지원과 신설도 물거품이 되었다. 2024년 5월 말, 21대 국회 임기가 종료되면서 「아이돌봄지원법」 개정안도 자동 폐기되는 과정을 지켜보았다. 국민에게 필요한 서비스를 적시에 제공하기 위해 최선을 다했는데도 그 노력의 결과가 이렇게 사라지는 현실 앞에서 상실감과 무력감이 한꺼번에 밀려왔다.

그렇게 동분서주하면서 정책 개선을 위해 노력하던 나는 아이러니하게도 법안소위를 마치자마자 신영숙 차관의 지시로 가족정책관 보직에서 해임되었다. 그리고 4개월 뒤에는 산하기관으로 좌천되었다. 나는 가족정책관 보직에서 해임되는 이유를 한 번도 듣지 못했다. 인사권이 기관장의 재량이라고 하지만 법령에 명시된 사유도 없이 보직을 박탈하는 인사는 정당한 인사권 행사로 보기 어렵다. 이는 명백한 직권남용이자 갑질이었다.

3년 만에 거둔 절반의 성공

2024년 5월 31일, 제22대 국회가 개원했다. 그리고 21대 국회에서 끝내 처리하지 못하고 폐기된 민간 베이비시터 기관 등록 및 아이돌보미 국가자격증 제도 도입을 위한 「아이돌봄지원법」 개정안을 김한규 의원과 조은희 의원이 다시 발의했다. 두 의원 모두 21대 국회 여성가족위원회에서 함께 활동하며 개정의 필요성에 깊이 공감했다.

그 무렵 나는 가족정책관 보직에서 해임된 상태였다. 따라서 직접 법안을 챙기거나 의원실을 뛰어다니며 설명할 위치가 아니었다. 언론 보도와 국회 여성가족위원회 전체회의 화면을 통해 지켜보며 어떻게 전개되는지 모니터링하는 것이 전부였다.

그러던 중 2025년 2월, 김한규 의원실에서 연락이 왔다. 지난 21대 국회에서 폐기된 「아이돌봄지원법」 개정안의 핵심 내용을 22대 여성가족위원회 더불어민주당 위원들에게 설명해달라는 요청이었다. 가족정책관직에서 물러난 상황이어서 선뜻 나서기 조심스러웠다. 그러나 나의 작은 설명 하나라도 법안 통과에 도움이 된다면 마다할 이유가 없었다. 결국 기꺼운 마음으로 개정안 설명 요청을 수락했다.

그리고 2025년 6월 10일, 마침내 「아이돌봄지원법」 개정안이 국회에서 의결되었다. 2022년 3월부터 시작한 아이돌봄서비스 개편 작업이 3년 만에 결실을 맺은 순간이었다. 그동안의 과정이 주마등처럼 스쳐갔고, 2004년 영유아보육 업무 이관 이후 영유아보육 재정지원 체계 개편을 추진하던 기억까지 오버랩되었다.

그러나 진짜 과제는 지금부터다. 민간 베이비시터 등록관리와 아이돌보미 국가자격증 제도 도입을 위한 법적 근거가 마련되었을 뿐이다. 민간 베이비시터 서비스기관 등록제와 아이돌보미 국가자격증 제도가 잘 시행되기 위해서는 더 치밀하게 정책이 설계되어야 한다. 이는 2004년 국공립·법인 보육시설 중심이던 정부지원 체계를 민간 보육시설까지 확대하기 위해 영유아보육 예산을 전면 개편했듯이, 공공 아이돌봄서비스 중심의 정부지원 방식을 근본적으로 재검토해야 한다는 의미이기도 하다.

2023년 2월 16일 발표한 「아이돌봄서비스 고도화 방안」의 핵심은 세 가지다. 첫째, 공공 아이돌봄서비스의 만성적인 아이돌보미 공급 부족 문제를 해소하기 위해 민간 서비스기관을 국가관리체계 안으로 편입하는 것, 둘째 민간과 공공을 구분하지 않고 돌봄인력이 동일하게 국가 자격기준을 갖추도록 제도를 정비하는 것이다. 그리고 마지막으로 이용자의 돌봄비용을 기관의 유형과 관계없이 이용가구의 소득수준별로 정부에서 차등 지원해야 한다는 것이다.

2007년 처음 시행된 아이돌봄서비스는 지금까지 공공 서비스기관을 통해 독점적으로 제공되었고 정부예산도 공공 아이돌봄서비스기관을 통한 이용가구만 지원되었다. 그 이유는 민간 서비스기관에서 연계해주는 베이비시터는 양성교육 이수도 범죄경력 조회도 정부에서 관리하지 않았기 때문이다. 그러나 이번 법률 개정으로 민간 서비스 제공기관에서도 국가에서 관리하는 자격기준을 갖춘 아이돌봄 인력이 아이돌봄서비스를 제공하게 되었다. 따라서 이제는 공공기관이냐 민간기관이냐에 따라 정부지원 여부가 결정되어서는 안 된다. 이제는 정부지원 기준이 아이돌보미를 연계해주는 '기관'의 성격이 아니라 이용가구의 소득수준이어야 한다.

두 번째는 민간 서비스기관의 돌봄비용에 대한 정부의 규제다. 과거 국공립 보육시설은 민간 보육시설보다 부모가 지불하는 보육료가 상대적으로 낮았는데, 그 이유는 정부에서 보육교사 인건비를 국공립 보육시설에는 지원하고 민간 보육시설에는 지원하지 않았기 때문이다. 마찬가지로 아이돌봄서비스의 돌봄비용 또한 공공기관과 민간기관의 차이가 있었다. 공공 아이돌봄서비스는 운영비를 정부에서 지원하고 있으나 민간 서비스기관은 지원하지 않는 구조다. 따라서 민간 서비스기관의 돌봄비용 상한선 규제를 면밀히 연구해야 한다. 정부에서 예산으로 이용가구의 돌봄비용을 경감하기 위해 지원하는 목적이 훼손되지 않도록 민간기관의 돌봄비용 상한선을 규제해야 한다. 이를 위해 민간기관과 공공기관의 이용료, 정부지원 단가, 민간기관의 상한 요금 설정 등 세부 설계를 촘촘하게 마련해야 한다. 또한 민간 서비스기관을 통해 아이돌봄서비스를 이용하는 가정의 돌봄비용은 공공 아이돌봄서비스 지원 단가와 동일한 금액을 바우처 방식으로 지원하고 기관 운영비는 이용가구에서 부담해야 한다.

마지막으로 민간 서비스기관의 자율성과 품질관리 문제다. 지금까지 공공기관에서 독점적으로 제공해온 아이돌봄서비스는 서비스 형태와 요금체계가 단일했다. 그러나 민간 서비스기관은 돌봄서비스 형태도 다양하고 요금체계도 다층적이다. 이 때문에 공공기관의 비용 기준을 민간기관에 그대로 적용하거나 획일화된 규제를 도입하는 것은 민간기관에서 제공하는 돌봄서비스의 시너지를 떨어뜨릴 수 있다. 따라서 2005년 영유아보육 예산

구조 개편 당시처럼 공공과 민간의 차이를 인정하면서도, 이용자 중심에서 정부지원의 사각지대가 발생하지 않도록 지원체계를 면밀하게 설계해야 한다.

그 첫 번째 단계는 '아이돌봄서비스 표준돌봄비용단가' 산정이다. 영유아보육 지원체계 개편 당시에도 가장 중요한 출발점은 아동 1인을 보육시설에서 돌보는 데 소요되는 '표준보육비용단가' 산정이었다. 당시 표준보육비용은 보육교사 인건비와 아동 급·간식비 등을 포함해 산정했다. 마찬가지로 아이돌봄서비스의 표준돌봄비용단가는 민간 돌봄서비스의 체계를 설계하는 데 중심축이 되어야 한다. 이를 토대로 이용가구의 소득수준에 따라 정부에서 바우처를 지원하는 것이다. 다만 돌봄인력을 매칭하는 민간 서비스기관의 운영비는 이용자가 부담하는 방식으로 운영하여 공공 서비스기관과의 차별성을 유지해야 한다. 또한 민간기관의 이용 단가 상한선은 시도별로 자율적으로 설정하도록 권한을 부여해야 한다.

두 번째 단계는 민간 아이돌봄서비스의 품질관리 체계다. 아이돌봄서비스는 영유아를 1:1로 돌보는 특성상 돌봄인력의 양심에만 의존하는 데에는 분명한 한계가 있다. 따라서 광역 아이돌봄서비스 제공기관에서 모니터 요원을 수시로 가정에 파견해 돌봄인력의 서비스를 확인해야 한다. 모니터 요원의 평가가 객관적이고 일관되게 이루어질 수 있도록 명확힌 평가인증 체계를 마련해야 한다. 그리고 모니터 결과는 부모와 아이돌봄서비스 홈페이지에 공개해 이용자가 돌봄인력을 선택할 때 참고할 수 있도록 해야 한다.

2025년 6월 「아이돌봄지원법」 개정으로 민간 서비스기관 관리의 틀은 마련되었다. 이제는 그 틀 안에서 이용가구가 민간 서비스기관을 통한 아이돌봄서비스를 안심하고 이용할 수 있도록 정부에서 관리를 강화하고, 민간 서비스기관을 통해 아이돌봄서비스를 이용한다는 이유로 정부지원에서 배제되는 일이 없도록 정부지원 체계를 세심하게 개편해야 한다. 그래야 아이돌봄서비스가 지속적으로 사랑받는 돌봄 정책으로 남게 될 것이다.

특별세액공제 대상에서 제외된 아이돌봄서비스 비용

맞벌이가정이라면 누구나 아이를 맡길 곳이 없어서 발을 동동 굴러본 경험이 있을 것이다. 퇴근이 평소보다 늦는 날, 아이가 갑자기 아픈 날, 유치원이나 학교가 쉬는 날, 그리고 여름방학과 겨울방학의 긴 공백까지 맞벌이가구에게는 일상의 순간이 언제든 위기상황으로 뒤바뀔 수 있다. 이러한 순간의 부담을 덜어주기 위해 2007년 시범운영을 거쳐 도입된 것이 아이돌봄서비스다.

아이돌봄서비스는 양성교육을 이수한 아이돌보미가 12세 이하 아동을 가정에서 1:1로 돌봐주는 서비스다. 이용가구의 소득

아이돌봄서비스의 소득수준별 정부지원 비율(2024년)

소득 기준	중위 75% 이하	중위 75~120%	중위 120~150%	중위 150% 이상
정부지원	최대 85%	최대 60%	15~20%	0

수준에 따라 정부가 이용요금을 차등으로 지원해준다. 특히 이용 비중이 가장 높은 맞벌이가구는 중위소득 150% 이상인 경우가 많은데, 앞의 표에서 보듯이 이들은 그동안 정부지원을 거의 받지 못했다.(2024년 기준) 다행히 2025년부터 정부지원 대상을 중위소득 200% 이하로 확대하면서 매우 적은 금액이지만 지원을 받기 시작했다.

그러나 다른 돌봄·보육 서비스와 비교하면 여전히 정부지원 등에서 불합리한 구조가 존재한다. 어린이집과 유치원은 이용가구의 소득과 관계없이 모든 이용자에게 정부에서 이용비용을 지원하며 홑벌이가구도 무상으로 이용할 수 있다. 초등돌봄·지역아동센터·다함께돌봄서비스 역시 대부분 정부에서 지원된다. 게다가 부모가 부담하는 비용은 연말 특별세액공제 대상에도 포함된다. 반면 아이돌봄서비스는 소득이 낮은 홑벌이가구도 소득이 높은 맞벌이가구도 전액 본인부담인데, 연말 특별세액공제 대상에서 제외돼 이용가구의 경제적 부담이 크다. 더욱이 공공 아이돌봄서비스가 연계되지 못해 민간 베이비시터를 이용하는 맞벌이가구는 기초생활수준의 소득지리도 전액 본인이 부담해야 하고 연말 특별세액공제조차 받을 수 없는 상황이다.

따라서 여성가족부는 2010년 아이돌봄서비스 업무가 복지부에서 이관된 이후부터 부모가 부담하는 이용료를 연말 특별세액공제 대상에 포함되도록 검토해달라고 기획재정부에 지속 요청해왔다. 그러나 기획재정부는 공공 아이돌봄서비스만을 대상으로 세액공제를 적용하면 민간 베이비시터 이용가구와의 형평성 문제가 있다며 민간 베이비시터 기관을 정부에서 등록·관리하면 검토해보겠다고 했다. 이후 세제실 담당과장이 바뀔 때마다 그 이유는 달라졌지만 결과는 동일했다. 정부 예산으로 이미 이용가구의 소득수준별 차등지원을 하고 있어 세제 혜택까지 주는 것은 '이중 지원'이라며 바람직하지 않다고 했다. 그러나 어린이집과 유치원에 적용되는 동일한 논리로 반박하면 그들은 대답을 회피했다. 태권도나 미술학원 같은 사교육 비용까지 연말 특별세액공제 대상에 포함되는데 왜 아이돌봄서비스 이용료는 세액공제 대상에서 배제되는지 의문이다.

실제로 「소득세법」 제59조의4 제3항 제1호에는 어린이집, 유치원, 태권도·미술학원 등의 보육·교육비는 자녀 1인당 연 300만 원까지 연말 특별세액공제를 받을 수 있다고 규정되어 있다. 어린이집의 특별활동비도 공제 대상이다. 어린이집과 유치원은 정부가 보육료를 전액 지원하는 '무상보육' 체계임에도, 부모가 추가로 지출하는 비용까지 세액공제 대상에 포함된다. 그런데 맞벌이가구가 선택이 아니라 필수적으로 이용해야 하는 아이돌봄서비스 비용은 여전히 연말 특별세액공제 대상에서 제외되어 있다. 아이를 돌보기 위해 불가피하게 지출하는 비용인데도, 세제상에서는 비용부담으로 인정되지 않고 있다. 이와 관련해 기획재정부가 아이돌봄서비스 비용을 세액공제 대상에 포함하지 않는 이유가 '여성가족부 소관 사업이어서 그런 것 아니냐'는 자조 섞인 말까지 흘러나온다.

보건복지부 소관인 아동수당·부모급여·양육수당은 부모의 소득과 무관하게 모든 아동을 기준으로 동일하게 지원된다. 어린이집과 유치원 이용가구에 대한 정부지원 또한 맞벌이가구·홑벌이가구의 소득수준과 상관없이 무상 지원되고 있다.

이처럼 동일한 '아동 양육'을 목적으로 한 정책임에도, 어떤 제도는 보편적 권리로 다뤄지고 어떤 제도는 개인의 선택적 지출로 취급되는 셈이다. 하지만 아이돌봄서비스는 유독 다르다. 홑벌이가구는 아예 정부지원 대상에서 제외되고, 맞벌이가구조차 출퇴근 시간대의 돌봄공백을 메우기 위해 필수적으로 이용해야 하는 틈새 돌봄서비스임에도 이용 비용은 고스란히 부모가 부담해야 한다는 것이다. 연말 특별세액공제 논의를 할 때마다 기획재정부는 "그렇다면 이건희 회장의 손자도 지원해야 한다는 말인가"라며 반대 논리를 편다. 하지만 교육부·복지부 소관 어린이집과 유치원은 이미 이건희 회장 손자에게도 무상 지원되고 있다. 기획재정부는 어린이집·유치원 등과 동일한 기준을 왜 아이돌봄서비스에는 적용하지 않을까?

아이돌봄서비스는 맞벌이부모의 출퇴근 시간대에 발생하는 돌봄공백을 보완하기 위한 틈새 돌봄체계다. 이제라도 맞벌이가구의 아이돌봄 비용을 어린이집·유치원처럼 특별세액공제 대상에 포함하는 방안이 적극 검토되어야 한다.

새로운 돌봄, 공동육아나눔터

부모와 아이가 함께 이용하는 돌봄공간

2024년 11월 생후 7개월 된 쌍둥이를 살해한 30대 친모에게 징역 8년이 선고되었다는 기사가 보도되었다. 그녀는 남편의 무관심과 독박육아의 고립감 그리고 해소되지 않은 산후 우울증의 고통 속에서 몸부림치고 있었다. 그리고 누구와도 나눌 수 없는 자녀돌봄의 무게를 홀로 힘겹게 감당하고 있었다. 사회에서 비난받아 마땅한 살인자다. 그러나 자녀돌봄을 혼자 짊어지고 견뎌야 하는 독박육아의 어두운 그림자이기도 하다. 현대사회는 부모도 이웃도 단절된 채 자녀육아 경험도 없는 초보 엄마가 홀로 독박육아의 어려움을 선디고 있다

나 또한 공부만 했고 직장을 다니다 결혼하고 이이를 낳았다.

아이를 출산하고 자녀를 돌보는 방법을 어디에서도 배운 적이 없었고 육아가 준비되지 않은 채 아이를 출산하고 아이 셋의 엄마가 되었다. 첫 아이 출산 후 아이가 울면 왜 우는지 이유를 몰라서 아이와 함께 울었고 서점에서 자녀육아 관련 책을 사다 읽어보는 것 외에 내가 더 잘할 수 있는 방법은 없었다. 아기를 목욕시키는 방법도 몰라 아이를 물에 빠뜨렸고 우유 양을 조절하는 방법도, 우유를 데우는 시간을 조절하는 방법도, 온도를 재는 방법도 모두 서툴렀다. 서툰 엄마의 우유가 늦거나 뜨거우면 아이는 매번 울었다. 아이는 때때로 온 몸에 열이 올랐다. 그럴 때면 아이를 무조건 둘러업고 대학병원 응급실로 뛰었고 의사와 간호사가 아이를 대하는 태도에 울분을 토하기도 했다. 나에게 억만금을 준다 해도 나는 그 어려운 시절로 절대 돌아가고 싶지 않다.

과거에는 조부모, 삼촌, 이웃 어른 등 온 마을이 함께 아이를 키웠다. 그러나 현대사회는 부부와 자녀 중심의 핵가족 형태로 변해서 2023년 기준 한국의 평균 가구원 수는 2.21명이다. 과거 4인 가구가 중심이었으나 지금은 전체 가구원의 35%가 1인 가구다. 이제는 출산 후 친정부모의 도움을 받는 대신 대다수가 산후조리원의 도움을 받고 있다. 아이의 탄생은 기쁨이 아니라 고립의 시작이라는 말까지 떠돈다. 출산휴가를 다녀온 후배 여성 공직자는 직장으로 출근하면 이게 바로 휴가라고 말한다. 육아휴직을 다녀온 남성 공직자도 직장에 출근하는 것이 휴가라고 하면서 출산휴가와 육아휴직의 이름이 변경되어야 한다고 한목소리를 내고 있다. 그러나 전업주부는 자녀육아의 고통에서 도망칠 곳도 없다. 전업주부는 출산 후부터 시작된 자녀돌봄으로 지치고 무너져간다.

2010년 여성가족부는 독박육아로 힘들어하는 전업주부의 어려움을 덜어주기 위해 서울·부산 등 5개 지역에서 '공동육아나눔터' 시범운영을 시작했다. 공동육아나눔터는 부모를 대신하여 아이를 돌봐주는 자녀돌봄 시설이 아니다. 공동육아나눔터는 부모와 아이가 함께 이용하는 키즈카페 같은 공간이다.

공동육아나눔터를 이용하는 이용자의 반응을 살펴보기 위해 시범운영 중인 일산 공동육아나눔터를 찾아갔다. 한 이용자는 지금까지 세금을 내고 국가에서 받은 그 어떤 서비스보다 만족한다고 했다. 어린이집이나 유치원에 맡긴 자녀가 잘 적응하는지 밥은 잘 먹는지 모든 것이 궁금했으나 부모가 시설에 들어갈 수 없어 답답했다고 했다. 그러나 공동육아나눔터는 부모가 아이와 함께 시설을 이용하면서 아이가 또래 친구와 어울리는 모습을 지켜볼 수 있고 또래아이의 부모와 육아정보를 공유할 수 있어서 좋았다고 한다. 또한 그림 그리기, 한글 배우기 등 아이들의 특별활동 프로그램을 부모의 재능기부를 통해 상부상조로 품앗이하며 운영함으로써 아이들이 학원에 가지 않아도 되고, 장난감과 아동복을 나눔할 수 있어서 경제적으로도 매우 유익한 공간이라고 했다. 세금을 내는 국민의 한 사람으로 국가에서 이런 혜택을 받고 감동했다고도 했다.

또 다른 이용자는 집에서 아이와 하루종일 씨름하느라 힘들었는데, 이곳을 이용하면서 아이가 또래 친구를 만나 너무나 즐겁게 놀고, 공동육아나눔터에 비치된 장난감을 대여해 집으로 가져올 수도 있어 일석이조라고 했다. 또한 첫아이를 출산하고 아이의 발육과정을 이해하지 못해 답답했는데 공동육아나눔터에서 또래 자녀를 양육하는 이웃부모들을 만나 자녀육아에 대한 경험과 정보를 공유하면서 자녀성장에 대한 지식도 쌓고 불안감도 해소되었다고 했다. 공동육아나눔터는 자녀를 양육하는 부모들의 커뮤니티 공간이 되었다.

공동육아나눔터 이용자의 이야기를 듣고 공동육아나눔터를 전국으로 확대하기로 했다. 그리고 공동육아나눔터 운영예산을 확보하기 위해 2010년 공동육아나눔터 시범사업 성공사례를 기획재정부에 설명했다. 그러나 기획재정부는 어린이집 예산이 기하급수적으로 증가하고 있어 더 이상 영유아돌봄 정책에 대한 예산 확대가 어렵다는 이유로 공동육아나눔터 운영비 확대에 난색을 표했다. 그러나 공동육아나눔터와 어린이집은 그 역할과 기능이 본질적으로 다르다. 나는 기획재정부가 밝힌 재정 부담 논리에 물러서지 않고 공동육아나눔터의 설립취지와 시범운영의 성공사례를 중심으로 필요성을 지속적으로 설명했다. 특히 전업주부의 독박육아로 인한 문제점을 완화하고 지역 공동체 기반의 돌봄 인프라를 구축하기 위해 공동육아나눔터 확대가 반드시 필요하다는 점을 강조했다. 그 결과 2011년 공동육아나눔터 운영예산 3억 원을 확보했다. 그러나 이번에는 공동육아나눔터의 새로운 돌봄공간 및 운영방식을 이해하지 못한 지방자치단체에서 국비에 대응하는 지방비 매칭예산을 확보하지 않으려 했다.

공동육아나눔터는 보육교사를 채용하지 않아도 되고, 별도의 시설을 만들기 위해 지방자치단체에서 부지를 매입하지 않아도 된다. 구민회관, 주민센터, 아파트 커뮤니티, 가족센터, 작은도서관 등에 있는 작은 공간(15~30평)을 내부수리한 후 장난감과 도서 등을 비치하면 된다. 그러나 공동육아나눔터의 내부수리 비용조차 정부예산으로 편성하는 것이 쉽지 않았다. 공동육아나눔터의 설립취지와 시범사업 과정에서 만난 이용자들의 반응을 보면서 그 필요성을 확신한 나는 공동육아나눔터 확대를 포기할 수 없었다. 결국 정부예산을 확보하기 어려운 현실적 난관을 돌파하기 위해 민간기업의 사회공헌기금을 활용하는 방안을 모색하기로 했다. 그리고 2012년 삼성생명에서 사회공헌기금을 5년간 25억 원 지원받기로 했다. 지방자치단체는 건강가정지원센터, 주민센터, 구민회관, 작은도서관의 작은 공간을 마련하고 삼성생명에서 내부수리를 히서 148개소의 공동육아나눔터를 조성할 수 있었다. 지역 주민들은 아이와 함께 공동육아나눔터를 하나둘씩 이용하기 시작했다.

세종시는 우리 부에서 공동육아나눔터를 시작한 이래 가장 적극적으로 공동육아나눔터를 조성한 지방자치단체다. 2014년 7월, 세종시는 도담동 주민센터 내에 공동육아나눔터 설치 공간을 내주었고 나는 신세계 사회공헌기금을 활용해 내부수리를 하고 장난감을 비치해 첫 번째 공동육아나눔터를 개소했다. 세종시 도담동 공동육아나눔터 개소 후 지역 주민들의 반응은 폭발적이었다. 이를 계기로 세종시장이 모든 동 주민센터 내에 공동육아나눔터를 설치했다.

천안시도 공동육아나눔터 설치에 앞장섰다. 천안시는 전국에서 최초로 청각장애 부모를 위한 '수어 공동육아나눔터'를 개설하여 청각장애 가족도 함께 돌봄의 품을 나눌 수 있도록 공간의 벽을 허문 성공적인 사례다.

2010년 공동육아나눔터 시범운영을 시작으로 공동육아나눔터를 확대하려고 부단히 노력했다. 처음에는 공동육아나눔터에 대한 이해 부족으로 예산을 확보하기도 어려워 민간기업의 사회공헌기금을 활용하기도 했으나 이제는 지방자치단체에서 다양한 방식으로 확대해나가고 있다. 공동육아나눔터는 부모와 아이, 이웃이 함께 돌보는 공간이다. 층간소음으로 아파트에서 까치발을 들고 걸어야 하는 아이들이 마음껏 뛰고 친구와 함께 놀 수 있도록 공동육아눔터가 더 많이 확대되기를 바란다.

격오지 전방부대 군인가족을 위한 돌봄공간

강원도 철원, 화천, 고성, 백령도 같은 최전방 격오지에도 군인의 아내와 아이들이 살고 있다. 그러나 이 지역에는 우리가 흔히 이용하는 어린이집이나 유치원이 없다. 아이를 키워야 하는 군인가족에게는 매우 막막한 현실이다. 국방부는 격오지 군인가족의 자녀돌봄 문제를 오랫동안 고민해왔다. 하지만 격오지 군인가족은 100가구가 되지 않아 직장어린이집을 설치하기도 어려운 상황이었다. 그렇다고 격오지에 살고 있는 군인가족의 자녀돌봄 문제를 모른 체할 수만은 없었던 국방부의 고민은 점점 깊어졌다. 돌봐야 하는 자녀의 수는 적지만, 그곳에도 안전한 아이돌봄 공간이 필요했다.

2013년 9월, 어느 날 국방부 사무관이 나를 찾아왔다. 그는 2012년부터 삼성생명 사회공헌기금을 활용하여 공동육아나눔터를 조성하고 있다는 보도를 보면서 국방부의 오래된 숙원과제인 격오지 군인가족의 자녀돌봄 문제를 해소하기 위한 방안을 의논하려고 찾아왔다고 했다. 그리고 공동육아나눔터를 군 관사에 설치해줄 수 있는지 검토해달라고 요청했다.

삼성생명 사회공헌기금을 통한 공동육아나눔터는 독박육아를 해소하기 위한 지역 내 일반가족을 위한 사업으로 시작했기에 국방부 군인가족의 직장어린이집을 대용하는 것은 어렵다고 했다. 군인의 자녀양육 지원은 국방부 소관이고 국방부에서 예산을 확보하여 설치하는 것이 원칙이다. 따라서 우리 부에서 일반가족이 아니라 국방부 군인가족의 직장어린이집을 설치하는 것은 권한 밖의 일이었다. 그러나 격오지에서 고생하는 군인가족의 자녀돌봄 문제를 외면할 수 없었다.

최전방 격오지에서 나라를 지키는 군인가족의 아이들을 위해 최소한의 돌봄과 온기가 담긴 작고 따뜻한 공간을 마련할 수는 없을까? 국방부 사무관으로부터 어려운 사정을 들은 뒤 방법을 찾기 위해 본격적으로 고민하기 시작했다. 그리고 고민 끝에 롯데그룹 사회공헌팀에 전화를 걸었다.

"강원도 철원, 백령도, 화천 같은 전방 격오지에서 살고 있는 군인가족의 아이들에게 작은 돌봄공간을 만들어주고 싶습니다." 조심스럽게 그리고 절박하게 그들의 현실과 국방부의 상황을 설명했다. 그리고 롯데그룹 사회공헌팀에서 답이 돌아왔다. "같이 하는 방안을 찾아보겠습니다."

2013년 12월 20일, 강원도 철원군 15사단 군 관사에 제1호 군 공동육아나눔터가 문을 열었다. 여성가족부, 국방부, 롯데그룹이 함께 만든 첫 결실이었다. 아무것도 없던 군 관사 아파트의 한 공간에, 장난감과 책을 비치하고 부모와 아이가 함께 머무를 수 있는 곳이 만들어졌다. 아이들은 장난감을 가지고 놀고, 부모들은 이웃과 함께 아이를 돌보며 책을 읽고 이야기를 나눴다. 이용자는 하루 평균 20명을 넘었고, 장난감 대여 건수는 월 70건을 돌파

했다. 부모들은 아이들을 위한 체험활동을 스스로 기획하고 운영했다. 어느 날, 군 관사 공동육아나눔터를 이용하는 군인 아내가 말했다. "아이를 돌보는 게 더는 혼자만의 일이 아니라는 걸 처음으로 느꼈어요."

이듬해 8월, 서해 최북단의 섬 백령도에 다섯 번째 군 공동육아나눔터가 문을 열었다. 이곳은 공군가족뿐 아니라 인근 해군가족에게도 열려 있었다. 단순한 놀이방이 아니라 고립되어 있던 군인가족이 이웃과 연결되는 공간이었다. 우리 부에서 롯데그룹 사회공헌기금을 활용해 설치한 군 관사 공동육아나눔터의 성공사례는 국방부의 정책 전환을 이끌었다. 이후 국방부는 예산을 마련해 철원, 화천, 인제, 연천, 포천, 울릉도 등 2020년까지 총 25곳의 격오지에 군 관사 공동육아나눔터를 조성해나갔다.

민간기업 사회공헌기금을 통한 초등 돌봄공간

문재인 대통령은 후보 시절 초등생 자녀를 둔 맞벌이가구의 돌봄 공백을 해소하기 위해 '초등생 방과후 돌봄'을 공약했다. 그리고 대통령 취임 후, '온종일 돌봄체계 구축'을 국정과제로 지정하고 초등돌봄 서비스 지원대상을 2학년에서 6학년까지 확대하며 운영시간도 오후 7시까지 확대하겠다고 했다. 그러나 현실은 녹록지 않았다. 2017년 당시 초등학생 267만 명 중 방과후 돌봄 서비스를 이용하는 아이는 12.5%인 33만 명에 불과했다. 같은 해 영아 어린이집 이용률인 68.3%에 비하면 초등생 방과후 돌봄 서비스 이용률은 매우 낮은 수준이었다. 초등돌봄 서비스는 교육부·복지부·여성가족부에서 제공하고 있으며, 돌봄 서비스 유형도 제각각이었다. 이에 교육부를 중심으로 여성가족부와 보건복지부가 참여하고 민간 전문가를 포함하여 '온종일 돌봄체계'를 구축하기 위한 범정부 추진단을 구성했다. 그리고 각 부처에서 시행 중인 초등돌봄 시설의 실태를 분석하고 초등돌봄 구축 기본계획을 2017년 말까지 수립하기로 했다.

범정부 추진단에 참여하는 전문가들은 각 부처에서 운영 중인 초등돌봄 시설을 직접 방문하여 의견을 수렴하고 현장에서 파악한 초등돌봄 시설의 문제점 및 개선방안을 관계 부처와 함께 논의해갔다.

부처별 초등생 방과후 돌봄 시설(2017년)

구분	교육부	보건복지부		여성가족부	
시설명	초등 돌봄교실	다함께 돌봄	지역 아동센터	방과후 아카데미	공동육아 나눔터
지원대상	초 1~6학년	초 1~6학년	만 18세 미만	초 4~ 중 3학년	만 12세 이하
운영시간	방과후 ~5시	자율	2~7시	방과후~9시	2~6시

초등돌봄 시설에 대한 각 부처의 입장은 달랐다. 교육부는 학교의 빈 교실 사용 및 교직원의 반발로 초등돌봄교실 확대에 소극적이었다. 복지부는 취약계층 중심의 공부방으로 시작된 지역아동센터는 맞벌이가구에서 이용하기를 원하지 않을 것이라고 생각해 확대에 부정적이었다. 여성가족부는 전업주부의 독박육아를 해소하기 위해 부모와 아이가 함께 이용하는 공동육아나눔터는 맞벌이가구의 초등돌봄 서비스를 제공하는 데 어려움이 있다고 했다.

초등돌봄 시설을 둘러싼 부처 간 이견은 쉽게 좁혀지지 않았다. 범부처 추진단 논의가 진행되는 과정에서 여성가족부가 초등돌봄 시설을 확대해나가는 것에 대해 부정적인 기류가 감지되었다. 추진단에 참여한 전문가들과 기획재정부를 중심으로 초등돌봄 시설 확충은 복지부와 교육부가 중심이 되어 구축해야 한다는 방향으로 논의가 굳어졌다.

당시 여성가족부에서 추진단에 참여하고 있던 나는 전업주부의 독박육아를 해소하기 위한 공동육아나눔터를 초등생 방과후 돌봄 시설로 활용하는 방안을 검토했다. 오전 시간에는 부모와 아이가 함께 이용하는 공동육아나눔터로 활용하고, 오후 2시부디는 초등생 방과후 돌봄 공간으로 활용하는 방안이었다. 그리고 공동육아나눔터의 기능 전환을 통한 방과후 초등생 돌봄 시설 확충계획을 마련하여 대통령실 여성가속비서관실에 전달했다. 동시에 범정부 추진단에서도 우리 부의 초등생 방과후 돌봄 시설 확충계획을 공유했다. 학교 빈 교실을 활용하는 초등생 방과후 돌봄 시설 확충에 학교장 및 교사의 반발이 컸던 교육부는 우리 부의 계획을 적극 환영했다. 또한 차관이 이를 대통령실 사회수석에게도 보고했다. 그러나 우리 부에서 제안한 방과후 초등돌봄 시설 확충계획에 대한 대통령실의 피드백은 오지 않았다.

그리고 2018년 2월 12일 오후 5시 대통령실(여성가족비서관)에서 온종일 돌봄체계 구축 관계 부처 국장회의를 소집했다.

나는 다음 날 아들의 공군사관학교 입학식에 가려고 휴가를 낸 상태였다. 그날은 공군사관학교 입학시험 합격 후 4주간의 기초훈련을 통과한 후보생도가 정식으로 공군사관학교에 입학하는 날이다. 4주간 기초훈련 기간에는 부모와도 연락이 되지 않는다. 일반 대학 입학식과 달리 부모를 초청하여 기초훈련에 통과한 공군사관생도 아들딸을 축하해주는 자리다.

차관은 나에게 대통령실에서 소집한 온종일 돌봄체계 구축 관련 회의에 참석하라고 했다. 그동안 초등생 방과후 돌봄 시설 확충계획을 마련하고 범부처 추진단 회의에도 참석해온 당사자로 대통령실(여성가족비서관) 관계 부처 회의에서 입장을 잘 전달해 우리 부가 온종일 돌봄체계 구축에서 배제되지 않도록 해야 한다고 했다.

나는 차관에게 내일은 아들 입학식에 참석하기 위해 휴가를 냈다고 말했다. 게다가 나는 회의 참석 대상도 아니다. 그러나 차관은 아들 입학식은 오전이고 대통령실 회의는 오후이므로 내가 참석하면 좋겠다고 했다. 나는 온종일 돌봄체계 구축 논의과정에서 우리 부의 역할이 중요하다고 생각했고 차관의 지시도 있어 오전에 아들 입학식만 참석하고 오후 대통령실 회의에 참석하기로 했다.

청주 공군사관학교 입학식에서 4주 만에 만난 아들은 몰라볼 만큼 살이 빠져 있었다. 아들은 기초훈련 때 아파서 살이 10kg이나 빠졌다고 했다. 그런 아들과 잠깐 조우만 하고 온종일 돌봄체계 구축 관련 회의에 참석하기 위해 서울로 발길을 돌렸다. 그런데 청와대 회의장에 도착해 자리에 앉자마자 여성가족비서관의 발언을 듣고 나는 망연자실했다.

"여성가족부는 온종일 돌봄체계 구축에서 제외하기로 했습니다."

여성가족비서관은 앞으로 문재인 정부에서 시행하는 온종일 돌봄체계 구축은 교육부와 복지부에서 담당하기로 결정했다고 전했다. 어제 오후 청와대에서 온종일 돌봄체계 구축 관련 회의 소집 통보를 받은 차관이 나에게 청와대 회의에 참석하여 온종일 돌봄체계 구축에서 우리 부가 배제되지 않도록 설명하라고 한 것은 청와대의 결정을 몰랐기 때문일까? 아니면 알고 있어서 내게 다시 한번 청와대를 설득해보라는 것이었을까? 나는 여성가족비서관도 우리 부 차관도 원망스러웠다. 이미 내려진 결정이고 바뛰지 않을 결과라면 굳이 아들 사관학교 입학식에 참석해야 하는 내가 4시간 동안 빙판을 달려 회의장까지 달려오지 않아도 되지 않았을까?

여성가족부는 초등생 방과후 돌봄 교실 전달체계가 없다는 이유로 배제되었다는 청와대 여성가족비서관의 말은 사실도 아니고 논리적으로도 맞지 않는다. 여성가족부도 보건복지부도 거의 모든 서비스는 지방자치단체를 통해 전달되고 있다. 그런데 여성가족부는 전달체계가 없어서 초등돌봄 체계 구축에서 제외된다는 여성가족비서관의 말의 의미는 무엇일까? 게다가 복지부와 우리 부에서 전달하는 대부분의 서비스는 국고와 지방비를 매칭하여 지자체에서 전달하고 있는데 말이다.

청와대 회의에 참석한 나는 여성가족비서관에게 우리 부의 역할과 기능을 설명했다. 그리고 온종일 돌봄체계 구축에서 우리 부는 지방자치단체 전달체계가 없다는 배제 이유에 동의할 수 없다고 했다. 기획재정부 국장은 여성가족부에서 성공적으로 잘 만든 공동육아나눔터를 보건복지부로 이관하여 보건복지부에서 방과후 초등돌봄 시설인 다함께돌봄센터로 활용하면 좋겠다고 했다.

결국 문재인 정부 국정과제 '온종일 돌봄체계 구축 기본계획'은 당초 12월 말보다 지연된 2018년 4월 5일 발표되었다. 그리고 온종일 돌봄체계 구축은 교육부와 보건복지부에서 담당하고 여성가족부는 제외되었다. 당시 발표된 온종일 돌봄체계 구축은 2022년까지 53만 명의 초등생에게 방과후 돌봄 서비스를 제공하겠다고 했다. 그러나 실제 이용자는 42만 명으로 11만 명의 초등생이 방과후 돌봄 서비스를 제공받지 못했다.

국정과제 '온종일 돌봄체계 구축 기본계획'에서 제외된 우리 부는 초등돌봄 시설을 확충하기 위한 정부예산을 편성하지 못했다. 여성가족부에서 근무하는 동안 타 부처와 대통령실에서 우리 부의 역할에 대하여 부정적으로 바라보는 시각이 낯설지 않았다. 그런 일은 관계 부처 회의, 예산편성 과정, 조직 확대 등에서 일상적으로 발생했다.

이후 나는 초등생 방과후 돌봄 시설 확충계획은 마련했으나 정부예산은 확보하지 못했다. 대신 민간기업의 사회공헌기금을 활용하여 초등돌봄 시설 확대 방안을 검토하기로 했다. 그리고 신한금융그룹 사회공헌팀에 초등돌봄 시설 확충계획을 제안했다. 신한금융그룹 사회공헌팀은 우리 부의 방과후 초등돌봄 시설 확충계획에 큰 관심을 보였고 내부 논의를 거친 끝에 사회공헌기금 지원을 결정했다는 연락을 보내왔다.

이에 따라 2018년 1월 25일 우리 부는 신한금융그룹과 업무협약을 체결하고 신한금융그룹이 매년 30억 원씩 3년간 총 90억 원을 방과후 초등돌봄 시설 확충을 위해 지원하기로 했다. 그 결과, 신한금융그룹의 사회공헌기금으로 방과후 초등돌봄

시설을 위한 공동육아나눔터 150개소를 확충했고 이후에도 신한금융그룹에서 공동육아나눔터 및 초등돌봄 시설 확충 지원을 지속하고 있다.

여성새로일하기센터

여성고용 업무의 기반을 마련하다

2008년 2월 25일, 이명박 대통령이 제17대 대통령으로 공식 취임했다. 대통령 후보 시절, 그는 임신·출산·육아 등으로 경력이 단절된 여성이 다시 일할 수 있도록 지원하겠다는 공약을 내세웠으며, 이 공약은 대통령 당선인 인수위원회에서 '여성다시일하기센터 지정 200개소' 국정과제로 선정되었다. '여성다시일하기센터'는 여성가족부와 고용노동부에서 공동으로 추진하는 국정과제다. 고용 업무를 추진하는 주무 부처인 고용노동부에 비해 고용 업무를 추진할 수 있는 법적 근거가 없는 여성가족부는 고용 업무 추진을 위한 법적 근거가 마련되어야 '여성다시일하기센터' 국정과제 업무를 추진할 수 있다.

노무현 정부 시절에 우리 부는 여성고용 업무를 추진하기 위해 시흥과 창원 지역에서 '여성희망일터지원본부'를 시범운영하고, 여성고용 업무 추진 근거를 마련하기 위해 「여성인력의 경제활동 진흥법」 제정안을 발의했다. 그러나 고용 업무는 고용노동부가 주무 부처이므로 여성가족부에서 추진해서는 안 된다고 반대했다. 그 결과 「여성인력의 경제활동 진흥법」 제정안이 국회에서 통과되지 못하고 법사위에 계류되어 있었다.

2008년 3월 이명박 정부 출범 후 '여성다시일하기센터' 지정·운영에 대한 법적 근거를 마련하라는 지시가 내려왔다. 국회 법제사법위원회에 계류되어 있는 「여성인력의 경제활동 진흥법」이 통과되고 우리 부에서 여성고용 업무를 추진하는 법적 근거가 마련될 수 있도록 고용노동부를 설득해야 했다. 고용노동부는 우리 부에서 여성고용 업무를 추진하는 것에 여전히 반대했다. 나는 국정과제 '여성다시일하기센터 지정·운영'이 고용노동부와 여성가족부 공동으로 지정되었듯이 「여성인력의 경제활동 진흥법」도 고용노동부와 공동 입법으로 제정되도록 제안하자고 건의했고 고용노동부를 설득하기로 했다. 고용노동부도 우리 부에서 제안한 「여성인력의 경제활동 진흥법」의 소관 부처를 고용노동부와 여성가족부 공동으로 하는 것에 긍정적으로 반응하고 검토해보기로 했다. 그리고 법제처와 국회 법사위 전문위원 등과 법률 소관을 부처 공동으로 하는 것이 가능한지 자문을 받았다. 법제처와 국회 법사위와 협의 결과, 법률 소관을 부처 공동으로 하는 경우는 매우 예외적이기는 하나 불가능하지는 않다고 했다. 그리고 실제 법률의 소관이 부처 공동으로 제정된 법률 사례도 2건이나 찾아냈다. 이를 토대로「여성인력의 경제활동 진흥법」의 소관을 고용노동부와 여성가족부 공동으로 제안하는 것을 고용노동부에서 수용하기로 했다.

고용노동부와 법률 소관을 공동으로 합의한 후 국회 법사위에 1년 이상 계류되어 처리되지 못했던「여성인력의 경제활동 진흥법」을 법사위에서 논의하기로 했다. 이후「경력단절여성 등의 경제활동 촉진법」으로 제명이 수정되고 고용노동부와 여성가족부의 역할도 법률 제정안에 다시 명확하게 구분해 반영했다. 2008년 4월 23일 당정 협의를 거쳐 5월 15일 국회 법사위 전체 회의를 통과했다. 그리고 2008년 5월 16일 국회 본회의에서 통과되어 2007년 3월 발의된「여성인력의 경제활동 진흥법」은「경력단절여성 등의 경제활동 촉진법」으로 2008년 6월 5일 공포되었다. 여성가족부는 동법 제정으로 여성고용 업무를 수행하는 권한을 갖게 되었고 경력단절여성 재취업 지원 업무를 시작할 수 있었다.

「경력단절여성 등의 경제활동 촉진법」제정은 임신·출산·육아 등으로 노동시장에서 이탈한 경력단절여성이 다시 노동시상으로 복귀할 수 있는 실질적 기반이 되었고, 여성가족부는 2009년

5월 1일 '경력단절여성지원과'를 신설하고 국정과제 '여성다시일하기센터'를 추진했다. 나는 신설된 '경력단절여성지원과'의 초대 과장으로 보직 발령을 받고 2008년부터 추진한 국정과제 '여성다시일하기센터 지정·운영' 업무를 총괄했다.

우리 부는 '여성다시일하기센터' 153개소를 통해 경력단절여성 재취업 지원 업무를 수행한 20년간 매년 60여만 명의 경력단절여성에게 재취업 기회를 제공하는 성과를 거두었다. 그리고 2022년 6월 8일, 「경력단절여성 등의 경제활동 촉진법」은 「여성의 경제활동 촉진과 경력단절 예방법」으로 개정되었다. 개정된 법은 여성이 임신·출산·육아 등으로 경력이 단절되기 이전부터 노동시장에서 밀려나지 않도록 일·가정 양립 지원 등 예방업무를 강화하는 데 의미가 있다. 「경력단절여성 등의 경제활동 촉진법」 제정은 여성가족부에서 여성고용 업무를 추진할 수 있는 기능이 부여되었다는 데 의미가 있다. 여성가족부에서 여성고용 업무를 추진할 수 있도록 법률로 제정되기까지 고용노동부를 설득하기 위한 아이디어와 실무자의 끈질긴 노력이 있었다. 정책이 국민의 삶을 바꾸어나가기 위해서는 공직자의 자세가 얼마나 중요한지 다시 한번 생각할 수 있었다.

국정과제 '여성다시일하기센터'

여성가족부와 고용노동부는 2010년부터 공동으로 '경력단절여성 5개년 기본계획'과 '경력단절여성 재취업 지원 실태조사'를 추진하고 여성다시일하기센터 지정·운영 및 직업훈련 프로그램을 선정하고 있다. 그리고 국정과제 '여성다시일하기센터'는 노무현 정부에서 시범운영한 시흥·창원 여성희망일터지원본부 운영모형을 벤치마킹하여 직업상담부터 직업훈련, 일자리 연계, 취업 사후관리까지 원스톱으로 지원하는 경력단절여성 재취업 지원 서비스 운영모형을 구축하고 2009년 72개소를 시작으로 153개소를 전국에 지정하여 운영하고 있다.

경력단절여성 재취업 지원을 위한 여성다시일하기센터 운영에서 여성가족부와 고용노동부의 역할을 구분했다. 고용노동부는 전문 직업상담사를 통한 직업상담 및 고용노동부의 직업훈련 프로그램을 공모 후 지원하기로 하고, 여성가족부는 경력단절여성을 고용한 '취업설계사'라는 직책을 신설하여 직업상담, 진로지도, 취업처 발굴, 동행 면접, 취업 사후관리 업무를 담당하기로 했다. 또한 경력단절여성 맞춤형 직업훈련 프로그램을 공모하여 지원하고 직업훈련 후 일정 기간 적응할 수 있도록 '주부인턴 제도'를 신설했다.

여성다시일하기센터 업무를 고용노동부와 공동으로 추진하는 것이 얼마나 복잡하고 힘든지 처음에는 몰랐다. 고용노동부의 인리 부는 국정과제 이행계획 수립부터 여성다시일하기센터 지정 기준, 운영예산, 운영모형 설계 등 모든 업무 추진 과정에서 논의하고 조정해야 했다. 아니 솔직히 말하면 양 부처에서 '조정한다'보다 '줄다리기한다'는 표현이 더 맞을 것이다.

2008년 이명박 정부 때 우리 부는 폐지 기로에서 겨우 소생했다. 영유아보육과 가족 정책은 보건복지부로 이관되었고 여성 정책과 권익 정책만 남겨진 상황이었다. 따라서 우리 부 국정과제는 '여성다시일하기센터'가 전부였고 이 업무에서 주도권을 갖지 않으면 우리 부의 존재는 거의 사라지는 유령 부처가 되는 긴박한 상황이었다. 당시 나는 우리 부의 존재를 입증하고 실질적인 역할을 확보하기 위해 고민했다. 그리고 여성다시일하기센터 국정과제에서 고용노동부가 아니라 우리 부가 실질적인 역할을 담당해야 한다고 생각했다. 그러기 위해 '여성다시일하기센터 추진계획'을 내가 마련하고 고용노동부는 이후 협의하는 방식을 택했다. 당시 고용노동부 실무자는 우리 부에서 여성다시일하기센터 추진계획을 마련하는 것이 업무 부담을 덜 수 있다고 생각했을 것이다. 그래서인지 나의 제안에 흔쾌하게 동의해주었다.

나는 여성다시일하기센터 추진계획을 수립하기 이전에 여성 고용 업무를 수행하는 현장을 방문하기로 했다. 고용노동부의 고용지원센터, 지방자치단체에서 운영하는 여성인력개발센터와 여성회관, 그리고 우리 부에서 시범운영 중인 여성희망일터지원본부 등이었다.

가장 먼저 찾아간 곳은 고용노동부의 고용지원센터다. 이곳은 직업상담 자격증을 보유한 직업상담사가 배치되어 있고, 직업상담사는 실직자를 대상으로 실직급여 상담 후 실직급여 지원 및 직업훈련 프로그램을 소개하고 있었다. 그러나 상담을 하는 실직자는 대다수 남성이었다. 고용지원센터 직업상담사는 임신·출산 등으로 오랜 시간 노동시장을 떠나 있던 구직여성을 위축되게 했고 경력단절여성에게 재취업의 용기마저 접게 했다. 실직자를 대상으로 한 직업상담은 실직 전 경력 중심이었고 실직 후 6개월 이내 실직자가 중심이었다. 특히 2008년 미국발 글로벌 금융위기로 실직자가 급격히 증가한 상황이라 고용지원센터 직업상담사는 실직자 대상 실업급여 상담 등의 업무처리로 경력단절여성의 특성을 세심하게 고려할 여유가 없었다.

두 번째로 찾아간 기관은 중장년 여성을 대상으로 직업훈련을 하는 여성인력개발센터다. 이곳은 고용노동부에서 신설한 여성 전문 직업훈련기관이다. 이후 여성인력개발센터는 여성부를 거쳐 지방자치단체로 이양되었다. 여성인력개발센터는 지방자치단체와 고용노동부의 여성 직업훈련 강좌를 프로젝트 방식으로 공모하여 직업훈련 프로그램을 운영하고 있었다. 중장년 여성은 보육교사, 요리사, 미용사 등 여성이 선호하는 전통적인 직업훈련 강좌를 수상하고 있었다. 이러한 강좌의 문제점은 중장년 여

성이 취업하기 위해 직업훈련 강좌를 수강하기보다 백화점 문화
센터에서 수강하는 교양 강좌처럼 무료 또는 저렴한 수강료로 강
좌를 수강한다는 데 있었다. 이곳의 직업훈련 프로그램은 중장년
여성의 취미·여가를 위한 강좌로 소비되었다. 여성인력개발센터
의 직업훈련 강좌는 구직자 맞춤형 프로그램이 아니었다.

다음은 지역 중장년 여성이 이용하는 여성회관을 방문했다. 이
곳은 지방자치단체에서 설립·운영하는데, 문화센터의 공공 버전
에 가까운 문화·교양 강좌를 운영하고 있었다. 중장년 여성의 자
기계발이나 취미 활동에 도움이 되는 강좌가 다수여서 경력단절
여성의 재취업 강좌와는 거리가 있었다. 특히 서울이나 경기 수
도권은 백화점 등 다양한 민간 문화·교양 강좌 인프라가 갖추어
진 지역이라서 여성회관의 문화·교양 강좌의 실효성이 더욱 떨
어졌다.

마지막으로 방문한 곳은 여성희망일터지원본부다. 이곳은 우
리 부에서 노무현 참여정부 때 경력단절여성의 재취업을 지원하
기 위해 공장과 중소기업이 밀집된 시흥과 창원에 시범운영하고
있었다. 시흥 여성희망일터지원본부 본부장이 2년 동안 운영해
온 경험을 토대로 경력단절여성의 재취업 운영모형을 설명했다.
본부장의 설명을 들으면서 고용지원센터, 여성인력개발센터, 여
성회관을 방문했을 때 느낀 부족한 면을 모두 충족시킨 운영모형
이라는 생각이 들었다. 그리고 여성희망일터지원본부 운영모형

을 참고해 여성다시일하기센터 운영모형을 구상하면 되겠다고 생각했다.

여성희망일터지원본부는 중소기업이 밀집된 지역의 특성을 반영해 지역 내 중소기업의 구인 수요를 파악한 뒤 직업훈련 강좌를 개설하고, 경력단절여성의 특성을 고려한 맞춤형 직업훈련 프로그램을 설계하고 있었다. 나아가 구직을 원하는 경력단절여성에게 '직업상담-직업훈련-취업연계'를 원스톱One Stop으로 제공하는 운영모형을 구축하고 있었다. 직업상담사는 구직자의 성향과 경력을 충분히 고려하여 훈련 과정을 추천했고, 지역 내 기업의 채용 수요를 반영한 교육훈련 강좌를 개설하여 운영했다. 그리고 오랫동안 노동시장에서 이탈한 경력단절여성이 기업 면접에서 위축되지 않도록 구직자와 동행하여 지원했다.

한편 직업훈련 및 취업을 원하는 경력단절여성들과 인터뷰도 진행했다. 경력단절여성과의 인터뷰를 통해 원하는 일자리와 취업에 대한 두려움 등 그들의 생생한 목소리를 들을 수 있었다. 임신·출산·육아로 경력이 단절된 여성 상당수는 자녀가 어린이집이나 초등학교에 있는 오전 시간대에 시간제로 일할 수 있는 일자리를 원했다. 그리고 그들은 오랜 기간 노동시장에서 이탈한 이후 다시 노동시장으로 돌아갈 수 있을지, 그곳에서 다시 잘할 수 있을지 불안감과 두려움이 매우 컸다. 나는 그들의 목소리와 여성희망일터지원본부의 운영모형을 바탕으로 '경력단절여성

원스톱 재취업 지원 운영모형'을 구상했다.

'경력단절여성 원스톱 재취업 지원 운영모형'의 첫 번째 단계는 직업상담이다. 경력단절여성의 과거 경력과 재취업에 대한 희망과 기대를 바탕으로 취업 경로를 설계할 수 있도록 하는 직업상담사의 역할은 중요했다. 직업상담사와 경력단절여성의 신뢰를 기반으로 한 상담결과를 바탕으로 지역 내 구인 수요를 반영한 직업훈련 과정에 참여하여 직업훈련 강좌를 수료하게 했다. 이후 기업 인사담당자와 면접 시 경력단절여성의 두려움을 덜어주기 위해 센터 취업설계사가 동행하도록 했다.

또한 오랜 기간 경력이 단절된 여성에 대한 부정적인 선입견으로 채용을 꺼리는 기업의 부담을 덜어주기 위해 주부인턴 제도를 도입했다. 이 제도는 경력단절여성을 고용하면 일정 기간 정부에서 자금을 지원하여 기업의 경제적 부담을 경감해주고, 경력단절여성에게는 일정 기간 경력을 유지하면 보조금을 지원하여 취업 후 어려움이 있어도 잘 견디면서 적응하라는 취지로 만들었다. 아울러 경력단절여성이 취업 후에도 자녀육아 등으로 어려움이 없는지 직장에는 잘 적응하는지 등에 대한 사후관리 제도를 도입하여 경력단절여성의 고용 유지를 지원했다.

여성희망일터지원본부에서 운영하는 경력단절여성 재취업 지원 운영모형을 벤치마킹하여 설계한 여성다시일하기센터 운영모형은 여성인력개발센터와 여성회관에서 부족한 기능을 보완

하여 경력단절여성의 재취업 기관의 역할을 수행하도록 확대해
나갔다.

'여성새로일하기센터'가 탄생하기까지

2008년, 미국발 글로벌 금융위기로 대한민국의 경제가 휘청거렸
다. 실업자는 증가했고, 중소기업 대부분이 문을 닫았고 이로 인
해 사회 전반에 위기가 퍼져나갔다. 이러한 시대적 배경에서 이명
박 정부는 대통령 선거 공약인 '경력단절여성 재취업 지원'을 국정
과제로 채택했고, 여성부와 고용노동부가 공동으로 '여성다시일
하기센터' 200개소 지정·운영 업무를 추진했다.

그러나 고용노동부와 여성부에서 '공동'이라는 이름 아래 양 부
처의 역할을 구분하고 조율하는 것은 간단치 않았다. 당시 여성
부는 여성다시일하기센터 지정·운영 업무 담당자로 여성다시일
하기센터 운영모형을 설계하고, 운영예산을 편성하고, 기획재정
부와 고용노동부 등 유관 부처와 협의를 진행해나갔다. 임신·출
산·육아 등으로 오랜 기간 노동시장에서 떠난 경력단절여성이 다
시 일을 한다는 것은 '일자리 연계' 문제만이 아니었다. 오랜 공백
기, 가사와 육아의 책임, 낯선 노동시장에 다시 진입해야 하는 불
안 등 복합적인 요소를 종합적으로 지원할 수 있는 '경력단절여
성 원스톱 재취업 지원 운영모형'이 필요했다.

여성부의 실무 책임자로 '경력단절여성 재취업 지원 운영모형'을 세팅하고 고용노동부와 우리 부의 역할을 명확히 구분하기 위해 수차례 논의하고 치열하게 협의를 진행해야 했다. 그렇게 협의한 끝에 양 부처의 역할을 구체화해 고용노동부는 직업상담과 직업훈련을, 여성부는 취업처 발굴, 동행 면접, 주부인턴제 운영, 취업 사후관리, 일·가정 양립 지원 등의 업무를 맡기로 했다. 그리고 경력단절여성 맞춤형 직업훈련 과정은 여성부에서 직접 예산을 편성하여 지원하기로 했다. 그 결과 경력단절여성이 적성검사, 직업상담, 진로설계, 직업훈련, 면접 지원, 사후관리까지 통합적으로 지원받을 수 있도록 여성다시일하기센터의 기능을 구축할 수 있었다.

경력단절여성의 재취업 지원 기관의 기능을 수행하는 여성다시일하기센터 운영모형은 취업연계 또는 직업상담 기능을 넘어 여성의 생애주기를 고려하여 출산과 육아로 노동시장을 떠났던 경력단절여성이 다시 일자리로 돌아오는 두려움을 극복할 수 있도록 하는 체계적인 시스템이었다. 그러나 그 시스템이 실제 구현되기까지는 갈 길이 멀었다.

고용노동부와 여성다시일하기센터 운영모형을 협의하고 양 부처의 역할을 결정한 후 가장 먼저 만난 장애물은 여성다시일하기센터 운영예산이었다. 2008년 5월 말, 2009년도 여성다시일하기센터 운영예산을 편성하여 우리 부 기획재정담당관실에 제출했다. 기획재정담당관실은 부의 전체 예산을 총괄하여 내부에서 검토한 후 기획재정부에 제출한다. 기획재정담당관실의 예산 총괄 사무관은 "여성다시일하기센터는 내년에 처음으로 도입되는 신규 업무이므로 운영예산을 현실에 맞게 감액하여 다시 편성하라"고 요청했다. 나는 이명박 정부에서 우리 부에 지정된 유일한 국정과제이고 2008년 금융위기로 급격하게 증가하는 실직자 등 경제위기에 적극 대응하기 위해서는 경력단절여성 재취업 지원을 도전적으로 수행할 수 있도록 '여성다시일하기센터 운영예산'을 감액하지 않고 제출해달라고 다시 요청했다. 기획재정담당관실과 힘겨운 설득 과정이 반복되었다. 그리고 장차관에게 여러 차례 보고하며 예산을 감액하지 않고 제출해달라고 요청했다. 또한 노무현 정부 때 시흥과 창원에서 시범운영 중인 여성희망일터 지원본부의 성과를 바탕으로 운영모형을 설계하고 예산을 편성한 것을 고려해달라고 요청한 끝에 감액하지 않은 예산안을 기획재정부에 제출할 수 있었다.

그러나 더 높은 벽이 기다리고 있었다. 여성다시일하기센터 운영예산을 설명하기 위해 기획재정부를 방문했다. 기획재정부 담당과장은 "신규 사업은 시범운영을 먼저 거쳐야 한다"면서 2009년도 여성다시일하기센터 운영예산에 대하여 설명도 듣지 않고 나가라고 했다. 쫓겨난 나는 기획재정부 청사 인근 벤치에 앉아 담당과장이 나오기만을 기다렸다. 언제 담당과장이 나올지 몰라 자리를 지키느라 식사도 하지 못하고 자판기 커피만 마시면서 기다렸다. 그리고 퇴근시간이 지나 담당과장이 사무실 밖으로 걸어 나왔다. 나는 담당과장을 붙들고 10분만 시간을 내어달라고 했다. 기획재정부 담당과장은 하루종일 이곳에서 기다렸냐고 하면서 미안한 마음이 들어서인지 잠시 내 옆 벤치에 앉았다. 나는 여성다시일하기센터는 신규로 설치하는 것이 아니고 노무현 정부에서 2년간 시범운영한 여성희망일터지원본부를 확대하는 것이고, 중장년 여성의 직업훈련 기관인 전국 51개소의 여성인력개발센터의 한계를 보완하는 것이므로 당신이 생각하는 것처럼 신규 업무라고 볼 수 없다고 설명했다. 기획재정부 과장은 나의 설명을 들으면서 시흥과 창원에서 시범운영 중인 여성희망일터지원본부의 성과와 여성인력개발센터의 한계점 등을 질문했다. 그리고 다음 날 기획재정부를 다시 방문하는 기회를 얻어 여성다시일하기센터 운영모형을 설명하고 여성인력개발센터의 한계를 보완하는 방식으로 론칭할 것이라고 강조한 후 2009년 여성다시일하기센터 40개소 운영예산을 확보했다. 2009년 정부에서 글로벌 금융위기로 증가하는 실직자 등 경제위기에 적극적으로 대응하기 위해 추가경정예산(추경)을 편성했다. 나는 2009년 초 정부의 추경편성 기회를 활용하여 여성다시일하기센터 운영예산 32개소를 확보했다. 그 결과 전국에 72개소의 여성다시일하기센터가 지정되었다.

2008년 9월 2일, 2009년 여성다시일하기센터 운영예산 정부안이 국회에 제출되었다. 그러나 2009년 여성다시일하기센터 운영예산은 국회 심의과정에서도 논란이 이어졌다. 먼저 국회 여성가족위원회 예산심의 과정에서 '취업설계사' 인건비가 반일제이고 월 60만 원이라는 것이 쟁점으로 부각되었다. '취업설계사'는 경력단절여성과 인터뷰하는 과정에서 나온 목소리를 반영하여 아이들이 학교나 어린이집을 이용하는 오전 시간대에만 일하기를 원하는 경력단절여성의 일자리로 설계했는데, 경력단절여성을 저임금 일자리로 부추긴다고 전일제로 변경해야 한다는 것이다. 국회는 취업설계사의 인건비를 60만 원에서 100만 원으로 높이고 반일제를 전일제로 전환해야 한다고 했다. 나는 취업설계사의 인건비를 월 100만 원으로 인상하기로 하고 대신 국비는 60만 원으로 유지하고 지자체에서 40만 원을 부담하는 매칭 방식을 제안했다. 국비를 인상하면 정부의 재정부담으로 기획재정부를 설득하기 어려운 문제를 피하기 위한 묘책이었다. 그리고 취업설계사는 월 100만 원, 전일제로 의결되었다.

2009년에 처음으로 신설된 '취업설계사'는 전국 여성다시일하기센터에서 취업처를 발굴하고 동행 면접, 취업 사후관리까지 지원하는 여성다시일하기센터의 핵심 인력으로 자리매김했다.

2009년 여성다시일하기센터 운영예산이 우여곡절 끝에 확정된 후 예기치 못한 민원이 집수되었디. '여성다시일하기센터'의 약

칭인 '다일센터'가 '다일공동체'와 혼동된다는 것이었다. 다일공동체는 최일도 목사가 청량리역 인근에서 시작한 노숙인 무료급식소로 알려진 단체다. 당시 다일센터에 대한 민원제기를 보고받은 변도윤 장관은 센터 명칭을 변경하도록 지시했다. '여성다시일하기센터' 명칭을 공모했으나 대안으로 선택할 만한 좋은 이름이 없었다. 그 후 우리 부 직원들을 대상으로 아이디어를 공모했고, '여성희망일터지원센터'와 '여성새로일하기센터'가 최종 후보에 올랐다. 그리고 '여성새로일하기센터'가 '여성다시일하기센터'의 새로운 이름으로 선택되었고, 약칭은 '새일센터'가 되었다.

'새일'은 '일'을 다시 시작한다는 의미를 넘어, 경력단절여성이 새로운 삶을 설계하고 자존감을 회복하는 출발점이라는 뜻도 담고 있다. 나는 결혼과 육아로 경력이 끊어진 여성이 다시 새로운 마음으로 일하기 위해 한 발짝 내딛기를 바라는 마음으로 '여성새로일하기센터 운영모형'을 설계했고 '여성다시일하기센터' 설립을 추진하며 다양한 반대 의견을 설득하고 조정하는 과정에서 '정말 필요한 일'이라는 신념을 놓지 않았기 때문에 결실도 맺을 수 있었다고 생각한다.

가족친화 인증기업

시작은 절반의 성공이다

2008년 이명박 대통령은 '작은 정부'를 내세우며 정부조직 개편안을 마련하고 여성가족부와 통일부가 폐지되는 「정부조직법」 개정안을 국회에 제출했다. 이 법은 민주당 등 야당의 거센 반발에 부딪혀 수정·의결되었다. 여성가족부는 기능이 대폭 축소된 여성부로 유지되었고, 통일부는 기능 축소 없이 회복되었다. 노무현 참여정부 때 여성부로 이관된 영유아보육 업무와 가족 업무가 다시 복지부로 이관되었고, 여성부에는 여성 정책 및 권익 정책 업무만 남았다. 2008년 정부 출범 후 부처별 업무보고를 받은 이명박 대통령은 직원 100명, 1천억 원 예산, 여성·권익 정책민을 수행하는 축소된 여성부 역할에 한계가 있다고 판단하고 2010년 3월 가족 정책과 청소년 정책을 다시 이관했다.

임신·출산·육아 등의 부담으로 경력이 단절된 여성이 다시 일하기를 원할 때 기존의 일자리로 복귀하기는 어렵다. 경력단절여성 대부분은 저임금 단시간 일자리로 취업하게 되고, 경력단절 후 '다시 일한다는 것'은 '기존의 일자리로 돌아가는 것'을 의미하지 않는다. 재직여성 중에는 임신·출산·육아 등으로 경력이 단절되지 않기 위해 결혼과 출산을 기피하는 사례가 있고, 그 밖에 여러 이유로 우리나라의 합계출산율은 세계에서 가장 낮은 1.0 이하로 감소되었다. 이러한 문제를 해결하기 위해서는 여성에게 전가되는 육아와 가사노동의 부담을 남성이 함께하고, 일 중심의 직장문화가 일·가정 양립이 가능한 가족친화적인 직장문화로 변화해야 한다.

2010년 이명박 정부는 "유연근무 제도를 활성화하여 여성의 경제활동을 지원하겠다"라고 발표했다. 당시 청와대에서 '유연근무 확대를 위한 연구용역'을 시작했고, 여성부에서는 시간제 근무 시범사업 운영을 지시했다. 행정안전부는 2010년 대통령 업무보고를 통해 시차 출퇴근, 선택적 근로시간제, 재량 근로시간제, 재택·원격 근무 등 구체적인 유연근무제도 유형을 모든 부처에 공문으로 전달하고, 유연근무 제도를 적극 활용하라고 했다. 그러나 당시 공직사회는 유연근무 제도에 대한 이해가 매우 낮았다. 각 부처는 유연근무 제도를 시행하지 않았고, 일부 부처에서 유연근무 제도를 시행했으나 실제로 활용하는 공직자는 없었다.

2010년 여성가족부에서 시간제 근무 시범운영을 시작했다. 그리고 복지부에서 2010년 3월 이관받은 가족친화 인증 심사기준에 유연근무 제도를 포함했다. 고용노동부는 민간 기업에서 유연근무 제도를 시행할 수 있는 법적 근거를 마련하고 기업에서 이를 자율적으로 시행하도록 권장했다.

그러나 시민사회의 반응은 싸늘했다. 유연근무 제도는 여성에게 더 불리한 노동조건을 정당화하기 위한 것이라고 시민단체와 노동계에서 거세게 비판했다. 육아기근로시간계좌제는 연장·야간·휴일 근로에 대해 임금을 지급하는 대신 육아기근로시간을 사용하도록 하는 것이라고 비판했고, 노동자에게 지급되어야 할 초과수당 등의 임금을 빼앗는 정책이라고 비판했다. 이명박 정부에서 주장하는 일·가정 양립 정책은 노동시간을 탄력적으로 사용할 수 있는 일자리가 여성에게 더 필요하고 적합하다는 사회 인식을 강화할 수 있으며, 이를 빌미로 여성에게 저임금 단시간 일자리를 감내하도록 하려는 의도가 있다는 것이다. 대다수 여성이 단시간 일자리를 선택하는 이유가 육아의 책임을 홀로 떠맡아야 하는 어쩔 수 없는 상황 때문인데, 오히려 정부에서 여성의 이러한 현실을 악용하여 유연근무 제도를 정당화한다고 비판했다.

2010년 유연근무 제도 활성화 업무를 담당하면서 어린 자녀를 키우는 엄마의 한 사람으로 이중적인 감성을 느꼈다. 육아기근로

시간 단축 등 유연근무 제도는 어린 자녀를 육아하는 여성에게 너무나 유용한 제도인데 시민단체 등 사회에서 인식하는 수준은 격차가 너무 컸다. 정부에서 도입하려는 제도가 아무리 좋더라도 국민의 수용성이 낮은 상황에서는 시행되기 어렵다. 제도를 도입하는 것만으로는 정책의 절반밖에 이룰 수 없고, 나머지 절반은 현장에서 작동해야 한다.

2010년 당시에는 유연근무 제도가 너무나 유용하고 필요했음에도 국민의 이해와 정부·기업에서 시행할 준비가 부족해 실제 시행까지는 많은 어려움이 있었다. 따라서 유연근무 제도가 여성의 고용불안을 확대하는 장치가 아니라 존중과 선택의 제도로 자리 잡기 위해서는 일과 삶을 존중하는 조직문화의 변화가 선행되어야 한다. 당시에는 공직사회에서조차 유연근무에 대한 개념을 이해하지 못해 '상사의 눈치', '근무 평가', '업무에 대한 책임' 등 선입견의 벽이 너무 높았다. 그러나 2010년 이명박 정부에서 유연근무 제도를 시작조차 하지 않았다면 오늘날 이 제도가 활성화되는 일이 더 늦어졌을 것이다. 유연근무 제도가 일상적으로 활용되는 외국처럼, 우리나라도 머지않아 일과 삶의 균형을 맞추어 살아가기 위한 기반이 될 것이라고 생각한다.

미국의 공직문화

2010년 12월 말, 미국 샌프란시스코 시청에서 1년 6개월 동안 파견 근무를 시작했다. 2010년 3월 가족 업무 이관 이후, 복지부에서 편성한 아이돌봄서비스 예산이 턱없이 부족해 위기에 몰린 우리 부는 부족한 아이돌봄서비스 예산대응을 위해 다시 나를 차출했다. 나는 아이돌봄서비스 예산을 증액하고, 2011년도 대통령 업무보고까지 마친 뒤에야 비행기를 탈 수 있었다. 미국행 비행기를 탄 후에야 겨우 숨을 돌렸고, 미국 정부기관에서 경험할 공직문화에 기대 반 두려움 반으로 마음이 설렜다.

샌프란시스코 공항에 도착해 앞으로 샌프란시스코 시청에서 같이 근무할 국장에게 전화를 했다. 전화기에서 들려오는 국장의 말을 들으며 나는 당황했다. 국장은 직원이 모두 연말 휴가 중이라 현재 사무실에는 아무도 없다고 했다. 그리고 새해 1월 4일에 출근하면 된다며 앞으로 생활하는 데 필요한 아이들 학교 입학 문제, 자동차 구입, 주택 임대차 계약 등을 준비하라고 했다. 나는 국장이 하는 말을 잘못 들었나 했다. 연말에 부서 전 직원이 휴가로 사무실을 비우다니 한국에서는 있을 수 없는 일이라 그녀의 말을 이해하기 어려웠다. 사무실에 근무하는 직원이 정말 아무도 없는지 다시 물어도 그녀는 똑같이 대답했다. 나는 그제야 '아, 미국은 한국과 정말 다른 나라구나!'라고 실감했다.

2011년 1월 4일, 샌프란시스코 시청으로 출근한 첫날 국장과 인사를 하고 부서원들을 소개받았다. 그리고 근무방식에 대한 설명을 들었다. 주 40시간 근무하고 근무 형태와 출퇴근 시간은 각자 결정하고, 사무실 입구의 화이트보드에 매주 기록하면 된다. 직원 모두 함께 근무하는 시간은 매주 화요일 오전 10~12시다. 이 시간에 국장은 주간회의를 한다고 했다. 주간회의는 우리나라 정부에서 하는 것과 동일하게 전주 추진한 업무추진 실적과 이번 주에 추진할 업무추진 계획을 공유하는 시간이다. 점심시간은 우리나라와 달리 유급이다. 따라서 대부분의 직원은 샌드위치 등을 먹으면서 근무했다. 만일 외부에서 점심식사를 하면 1시간 연장 근무를 했다. 직원들은 각자 싸 온 점심을 먹거나, 전자렌지나 냉장고가 비치되어 있어 간단한 것은 스스로 조리해서 먹었다. 부서 전체 직원이 외식하는 날은 부서원의 생일날이었다. 외식 식사비는 생일 당사자를 제외한 부서원이 모두 균등하게 나누어 부담했다. 미국의 공직문화에서 우리나라와 동일한 문화는 찾아볼 수 없었다.

샌프란시스코 시청에서 가장 인상 깊었던 것 중 하나가 기관의 조직도와 위원회의 역할이었다. 샌프란시스코 시청은 위원회와 집행기관으로 구성되어 있다. 내가 파견 근무했던 여성지위과는 여성지위위원회가 동시에 존재했는데, 매월 여성지위위원회에 월별 업무추진 실적과 업무추진 계획이 보고되었고 업무추진 계획을 여성지위과에서 추진하는 방식이다. 위원회 회의는 일반 시민에게 개방되어 여성지위 업무에 관심 있는 샌프란시스코 시민은 누구나 참석할 수 있다. 샌프란시스코 시청에 출근한 후 얼마 지나지 않아 2011년 1월 여성지위위원회 회의가 개최되었다. 국장은 나도 함께 회의에 참석하도록 했다. 위원회 회의가 어떻게 진행되는지 볼 수 있어 즐거운 마음으로 앉아 있었다. 국장은 회의 시작 후 나에게 단상으로 올라오라고 하더니 한국에서 미국의 공직문화와 여성지위 업무를 배우기 위해 파견 온 한국 공무원이라고 소개했다. 위원회 회의에 참석한 위원과 시민 들과 함께 자유롭게 업무를 토론하는 미국 정부가 너무 놀랍고 신기했다.

미국 정부기관의 인사제도 역시 우리나라와 매우 달랐다. 미국 정부의 인사제도는 직위분류제를 기반으로 한 성과 중심제다. 매년 초 시장은 부서장과 성과계약을 체결하고, 부서장은 직원과 성과계약을 체결한다. 그리고 매년 말 연초에 체결한 업무추진 성과결과를 토대로 임기 연장이 결정된다. 내가 근무한 여성지위과 직원 중 5명은 다음 연도에 임기가 연장되지 못하고 퇴사했다. 여성지위과에서 10년째 근무하고 있는 한 직원은 10년 동안 동일한 보직에서 동일한 연봉을 받으며 업무를 수행해왔다. 그녀는 10년 동안 연봉이 동일했지만 매우 만족한다고 했다. 반면 현재 일히는 보직에서 받는 업무 또는 연봉에 만족하지 않는 직원은 다른 보직으로 이동할 수 있다. 보직은 일반 시민과 동일하게 공개채용에 응시해서 다시 시험을 보고 이동한다 그리고 시청 모든 직원의 채용과 전보 인사 등 인사업무는 인사과에서 총괄하고 최종 결정은 부서장의 의견이 중요하게 반영된다. 우리나라 정부기관처럼 부서장의 의견을 묻지도 않고 장관이 일방적으로 인사를 하지 않았다. 앞서 말했듯 부서장은 시장과 매년 성과계약을 체결하고 연말에 성과를 달성하지 못하면 부서장은 다음 연도에 계약이 연장되지 않는다. 따라서 부서의 직원 결정권한은 시장이 아니라 부서장에게 주어졌다.

미국 정부의 인사제도를 경험하면서 우리나라 정부기관의 인사제도인 계급제와 차이점이 더 크다는 것을 알 수 있었다. 우리나라는 계급제를 원칙으로 시험 등을 통해 공직에 입사하면 흔히 말하는 '철밥통'의 공직자가 된다. 곧 공직자는 법령에서 정한 사항에 따라 승진과 순환보직으로 업무를 수행한다. 업무능력과 상관없이 지역·학력 등의 '라인'에 따라 승진할 수도 있어서 공직자의 업무성과에 부정적인 영향을 미치고 있다. 일을 열심히 하지 않거나 일을 잘하지 않아도 불이익은 없고, 업무성과를 내려는 부서장은 오히려 직원들의 다면평가에서 부정적인 평가를 받는다. '일을 많이 시키지 않는 관리자'가 좋은 평가를 받는 우리나라 공직의 현실은 공공부문의 가장 큰 문제점 중 하나다.

이러한 한국 공공기관의 조직문화에서는 재택근무, 육아기근로시간단축제, 스마트워크 등의 유연근무 제도가 활성화되기 어렵다. 부서장은 직원이 눈앞에서 열심히 일하는 모습을 보지 않으면 불안하고 일을 제대로 한다고 인정하지 못하는 불신이 커서 재택근무를 허용하는 것에 망설인다.

그러나 미국 정부기관의 조직문화는 우리나라 정부기관의 조직문화와 매우 달랐다. 샌프란시스코 시청에서 근무하는 여성지위과 직원은 재택근무, 주 3일 근무, 시차 출퇴근제 등 유연근무제도가 일상생활에서 자연스럽게 활용되고 있었다. 부서장은 직원의 근무형태를 별도로 관리하지 않았다. 매년 초에 체결한 성과 목표가 연말 업무평가에서 달성되었는지 확인하기만 하면 되었다. 미국 정부기관은 업무에 대한 신뢰가 곧 사람에 대한 신뢰로 이어졌고, 그것이 직원의 근무형태를 유연하게 만들어주었다. 당시 내가 아이들과 함께 생활하면서 남편과 어머니의 도움 없이 혼자 업무와 육아를 병행할 수 있었던 것은 미국 정부기관에서 활성화된 유연근무 제도가 있었기에 가능했다. 흥미로운 점은, 미국 정부기관 공직자의 출산휴가는 무급이고 어린이집 지원도 없었다. 다시 말해 무상보육도 무급 출산휴가 제도와 부모급여 등 아동양육에 필요한 현금성 급여지원도 없지만, 출산율은 우리나라보다 더 높다는 것이다. 이것은 육아와 업무를 병행할 수 있는 가족친화적인 직장문화 때문이라고 생각한다. 2010년 이명박 정부에서 처음 시도된 유연근무 제도는 당시 매우 낯설었으나 15년이 흐른 지금에야 조금씩 그 중요성을 인식하고 이용이 증가하고 있다.

가족친화 직장문화의 심사기준

여성부는 김대중 대통령이 만들고, 노무현 대통령이 완성했다. 노무현 대통령은 여성의 권익 보호 차원에서 여성의 경제활동 참여를 실질적으로 지원하는 정책을 추진하도록 영유아보육과 가족정책을 이관했고 부처명도 여성가족부로 변경했다. 그리고 "여성은 더 이상 보호의 대상이 아니라, 함께 일할 주체다"라고 했다.

여성의 경제활동 참여를 촉진하기 위해 영유아보육 정책과 가족 정책을 확대하고 이 흐름 속에서 탄생한 정책이 가족친화 인증 제도다. 이 제도는 유연근무, 육아휴직, 출산휴가, 육아기 단축근로시간 등 여성이 출산·육아를 병행할 수 있도록 가정에서는 자녀육아와 가사노동을 남성이 함께 분담하고, 직장에서는 모든 근로자가 일·가정 양립이 가능하도록 가족친화 인증 제도를 운영하며 가족친화적인 직장문화를 조성해나가도록 유도하는 것이 목적이다.

2008년 3월, 이명박 정부 출범 후 가족 정책이 복지부로 이관되면서 가족친화 인증 제도 또한 복지부로 이관되었다. 그러나 2010년 3월, 다시 우리 부로 가족 정책이 이관되면서 가족친화 인증 제도 또한 우리 부로 이관되었다.

복지부에서 운영하던 가족친화 인증 제도는 지난 2년 동안 제대로 시행되지 않았다. 2010년 3월 업무 이관 후 나는 가족친화 인증 제도가 기업에 '가족친화 인증마크'를 부여하는 형식적인 절차에 그치지 않고 모든 근로자의 일과 삶이 균형 있게 유지될 수 있도록 직장의 조직문화를 실질적으로 전환하는 제도로 작동되어야 한다고 생각했다.

그래서 가족친화 인증 심사기준을 형식적인 내용에서 실질적인 내용으로 변경했다. 복지부에서 2년간 사용한 가족친화 인증 심사기준은 일·가정 양립 제도가 아니라 복지 중심이었고, 대기업과 중소기업의 심사기준을 구분하지 않았다. 그러나 대기업과 동일한 심사기준을 적용하면 중소기업은 그 기준에 맞게 조직문화를 변화시킬 역량을 갖추지 못했다. 또한 일·가정 양립 제도 운영에 소요되는 재정부담도 상당히 커서 가족친화 인증 심사비용도 부담이 되었다.

가족친화 인증 심사기준을 근로자의 복지 중심에서 출산휴가·육아휴직·유연근무 제도 활용률 등 근로자의 일·가정 양립 제도 중심으로 변경했다. 가족친화 인증 심사비도 중소기업은 전액 무상으로 변경하고 대기업과 공공기관은 자부담으로 변경했다. 또한 중소기업은 근로자의 특성 등을 반영하여 적용할 수 없는 심사기준을 제외하는 'NA(Not Available) 제도'를 도입하여 중소기업의 가족친화 제도 운영부담을 대폭 경감했다. 그러나 제도는 의도대로 작동되지 않는 경우도 있다. NA 제도는 점차 중소기업에서 역으로 이용하는 제도로 변질되었고 형식적인 인증을 정당화하는 수단으로 악용되었다. 가족친화 직장문화가 조성되지 않았고 근로자들이 일·가정 양립 제도를 활용하지 않았음에도 가족친화 인증을 받는 중소기업이 나타났다. 그런 제도라면 더 이상 존재할 이유가 없다.

따라서 2022년 가족친화 인증 심사기준을 다시 수정했다. NA 제도는 폐지하고, 출산휴가 근로자 부재 등으로 적용할 수 없는 중소기업 인증 심사기준은 적용 가능한 대체지표를 마련했다. 그리고 근로자 및 부양가족 지원 제도를 신설하여 건강관리·노부모 부양 등 가족 돌봄·조퇴 및 휴가 활용 등 근로자의 삶과 연결된 항목을 포함했다.

가족친화 인증 심사항목의 구조도 조정했다. 가족친화 인증 제도 실행의 배점을 60점에서 70점으로 상향하고, 이를 다시 출산·양육, 유연근무, 부양가족 지원, 직장문화로 세분화했다. 단순히 출산을 장려하는 데에서 나아가, 일상의 지속가능성을 담은 심사기준으로 확장했다.

가족친화 직장문화 확산 전략

2007년 근거법률을 제정하고 2008년부터 시행된 가족친화 인증 제도는 근로자의 일·가정 양립이 가능한 가족친화 직장문화를 조성하도록 유도하는 제도다. 가족친화 인증 제도 시행 초기에는 가족친화 인증에 참여하는 기업이 많지 않았다.

가족친화 직장문화 조성은 가족친화 인증서와 인증마크가 주어진다고 끝나는 것이 아니다. 근로자가 상사의 눈치를 보지 않고 출산휴가와 육아휴직 등의 일·가정 양립 제도를 필요할 때 마음 놓고 활용하고, 퇴근시간에 눈치 보지 않고 퇴근할 수 있어야 가족친화 직장문화가 조성되었다고 볼 수 있다.

가족친화 인증 제도에 참여하고 인증받은 대기업, 중소기업, 공공기관은 환경도 다르고 인증 제도에 참여하는 이유도 달랐다. 제도 시행 후 인증된 기업의 유형을 살펴보면, 대기업 195개소, 중소기업 183개소, 공공기관 144개소다. 그러나 전체 모수 대비 인증 비율은 여전히 너무 낮은 실정이고, 특히 중소기업의 인증 참여는 더 낮다. 따라서 기업 유형별로 가족친화 직장문화 조성 전략이 필요했다.

정부를 포함한 공공기관은 출산휴가·육아휴직이 법령으로 보장되어 필요한 직원은 잘 활용할 것이라는 인식이 강했다. 그러나 공공기관의 가족친화 인증 참여는 형식적인 절차로 인식했고, 공공기관의 일·가정 양립 지원도 실질적으로 이루어지지 못했다. 정부와 공공기관에서 일·가정 양립이 실질적으로 지원되지 못한다면 중소기업 등 민간 기업의 참여를 이끌어내기 어렵다고 판단했다. 따라서 나는 공공기관의 가족친화 인증 의무화를 추진하기로 했다. 가족친화 인증 의무화는 우리 부에서도 반대가 컸다. 그러나 국회 여성가족위원들을 설득하여 2015년 3월, 「가족친화 사회환경의 조성 촉진에 관한 법률」 제15조 제7항 "대통령령으로 정하는 공공기관은 인증 기준을 갖추어 여성가족부 장관의 인증을 받아야 한다"를 신설하고 공공기관의 가족친화 인증 의무화를 도입했다. 공공기관에서 인증에 참여하지 않을 경우 패널티 제도는 도입하지 않았다. 그러나 공공기관의 가족친화 인증 의무화 제도를 도입한 후 인증 제도에 참여하는 공공기관은 급격하게 확대되었고 그 결과 2014년 305개 기관에서 2024년 1,166개로 증가했다. 신설기관을 제외한 모든 공공기관이 가족친화 인증을 받았고 공공기관 경영평가 시 가족친화 인증 여부가 평가항목으로 포함되어 있다. 가족친화 인증으로 가족친화 직장문화가 조성되었다고 인정할 수는 없으나 가족친화 직장문화 조성의 중요성을 인식하는 계기는 마련되었다고 볼 수 있다.

대기업은 일·가정 양립 제도 운영에 대한 인식과 가족친화 직장문화 조성이 2030 청년세대의 우수한 근로자를 유치하는 데 유익하다는 것을 알고 있다. 그러나 가족친화 직장문화 조성은 기업 경영자의 의지에 따라 크게 차이가 난다. 예를 들면 유한킴벌리, SK그룹 등 일부 대기업은 법령에서 규정된 일·가정 양립 제도보다 더 우수한 제도를 운영하고 있다. 따라서 가족친화 인증 제도를 모범적으로 운영하는 대기업에 정부의 표창을 수여하고 모범사례집을 발간하여 기업의 이미지를 제고하고, 상장기업은 가족친화 인증정보 공시제도를 도입하여 대기업의 가족친화 우수모델을 촉진하고자 했다. 그러나 상장기업의 가족친화 공시 의무화는 금융위원회의 강력한 반대로 무산되었다. 따라서 상장기업 가족친화 공시 의무화 대신 상장기업에서 자율적으로 공시하는 방식으로 시행했다. 그 결과 2014년 223개에서 2024년 784개로 대기업의 가족친화 인증비율이 증가하는 성과를 거두었고, 법령에서 규정한 일·가정 양립 제도보다 더 우수한 제도를 운영하는 기업이 증가하고 있다.

우리나라 전체 기업 중 중소기업이 차지하는 비율은 90% 이상이다. 그러나 대다수 중소기업은 가족친화 인증 제도에 대한 인식도 부족하고 제도 운영에 따른 비용이 부담되어 이를 시행하지 못하고 있다. 이러한 중소기업의 특성을 고려하여 대기업과 다르게 가족친화 인증 심사기준을 규정하고 대체지표도 마련했다. 또한 가족친화 인증 심사비도 전액 정부에서 지원하고 인증을 받은 중소기업은 출입국 우대, 세무조사 유예, 대출금리 우대 등 인센티브도 제공했다. 주요 은행에서 중소기업에 1~1.5% 대출금리를 우대하는 혜택은 매우 유익하게 활용되었다. 한편 인증에 참여하기 이전에 컨설팅을 제공함으로써 경영자와 인사 담당자가 가족친화 인증 제도를 실질적으로 운영하도록 지원했다. 그 결과 이 제도에 참여하는 중소기업이 꾸준히 증가했고 2024년 중소기업 701개사에서 가족친화 인증을 획득했다.

2008년 14개사에서 시작된 가족친화 인증 제도가 이제는 지역 중소기업에서 우수한 직원을 유치하는 데 중요한 기준이 되었다는 어느 중소기업 인사담당자의 이야기를 들었다. 그만큼 2030 청년세대 근로자가 인식하는 이 제도의 중요성이 변화했다. 물론 전체 기업 중 가족친화 인증을 받은 곳은 아직도 4%에 불과할 정도이나 육아휴직, 유연근무를 눈치 보지 않고 활용할 수 있는 가족친화 직장문화 조성의 필요성에 대한 사회적 인식은 변하고 있다. 출산과 육아 부담이 여성의 경력단절로 이어지지 않고 결혼과 출산을 기피하지 않도록 가족친화 직장문화가 모든 기업으로 확대되어야 한다. 따라서 중소기업 근로자도 마음 놓고 아이를 출산하고 양육하게 하려면, 가족친화 제도를 시행할 수 있도록 가족친화 인증을 받은 중소기업에 법인세를 감면하는 등 실질적인 인센티브가 도입되어야 한다.

2장

다양한 가족

모습은 달라도 가족이다

정우성의 아이, 가족의 경계를 흔들다

2024년 11월 24일, 배우 정우성에게 아이가 있다는 소식이 전해졌다. 정확히 말하면, 결혼하지 않은 상태에서 문가비가 정우성과의 사이에서 아들을 얻었다는 고백이었다. 사람들의 반응은 엇갈렸다. 놀람, 비난, 조용한 축복.

하지만 이 소식은 단순한 연예계 뉴스로 끝나지 않았다. '가족이란 무엇인가'에 대해 그 경계와 기준에 관한 질문을 사회 전체에 던졌다. 정우성의 사례는 유명인의 사생활을 넘어서, 오랫동안 '법률혼'이라는 제도에만 머물러 있던 '가족'의 정의에 작은 균열을 만들어냈다. 그 균열은 제도의 변화, 정치권의 반응, 시민들의 인식까지 흔들기 시작했다.

문가비의 용기 있는 발언은 가족 개념의 법적 범위와 관련 제도 전반을 재검토하도록 요구하는 계기가 되었다. 정치권도 법률혼 중심의 정책이 현실을 따라가지 못한다고 목소리를 냈다. 박홍근 의원은 '이 땅의 문가비 모자'를 언급하며, 법적 가족이 아니어도 서로를 돌보는 관계를 제도에 포함하는 '연대관계등록제' 도입을 제안했다. 현재 법은 병원 수술 동의부터 장례까지 삶의 여러 순간에 보호자가 필요할 때, 혼인 관계만을 기준으로 삼고 있다.

국민의힘 나경원 의원도 동거혼 등록제 도입을 언급하며, 혼외 출산 및 다양한 가족 형태를 제도적으로 포용해야 한다고 강조했다. 대통령실도 '모든 생명이 차별 없이 자랄 수 있도록' 지원방안을 검토하겠다고 밝혔다. 이미 시행 중인 아동수당이나 부모급여, 육아휴직 등의 제도가 대부분 '아이 기준'으로 설계되었다는 점도 강조됐다. 부모가 결혼했는지보다 아이가 존재한다는 사실 자체가 정책의 중심이 되어야 한다는 것이다.

정치권의 목소리는 다양했지만, 하나의 공통된 흐름이 있었다. '정상 가족'이라는 기준에 갇힌 제도를 바꿔야 한다는 것이다. 이소영 의원은 "결혼하지 않고 아이를 낳았다고 비난받는 사회가 과연 정상인가"라는 질문을 던졌고, 김희경 전 여성가족부 차관은 "혼중자·혼외자라는 표현은 '구시대적 낙인'이다"라며 개선해야 한다고 했다. 과거 조사에서 국민의 76%가 이 구분을 폐지하는 데 찬성했다.

그러나 우리 사회에서 가족 형태의 변화를 받아들이는 것이 쉽지는 않다. 종교계를 중심으로 반발이 지속되고, 22대 국회에서도 관련 법안이 실제로 통과될 수 있을지는 불투명하다. 가족의 범위를 규정하는 「민법」 제779조와 「건강가정기본법」 제3조는 '혼인·혈연·입양'이라는 전통적 틀에 갇혀 있다. 사실혼, 비혼 출산, 동거 관계는 법적으로 '가족'이 아니다. 이 때문에 출생신고, 의료 동의, 자녀 보호 등 실질적인 삶의 영역에서 불합리한 제약이 발생한다.

그러나 현실은 변하고 있다. 특히 20대를 중심으로 사회적 인식이 달라지고 있다. 통계청 조사에 따르면 20대의 42.8%가 "결혼하지 않고도 자녀를 가질 수 있다"라고 답했다. 2014년 30%에 불과하던 수치가 2023년에는 43%로 뛰었다. 실제 2023년 출생아의 4.7%는 법률혼 외 출생이다. 영국 BBC는 정우성의 사례를 '한국 사회의 전통적 가족관에 도전장을 던진 사건'으로 보도했다.

나는 가족 정책 업무를 담당할 때마다 '가족의 정의'를 변경하려고 노력했다. 여성가족부가 수립한 제3차 건강가정 기본계획 보완판과 제4차 건강가정 기본계획(2021~2025)에 법률혼 중심의 가족 개념을 확대하자는 방향을 담아 법률 개정안을 발의했다. 그럴 때마다 일부 종교계와 시민단체는 "사실혼도 가족이라니, 그다음은 동성혼이냐?"라고 하면서 거세게 비난했다. 하루 수천 건의 항의 문자와 민원이 쏟아졌다. 그동안 가족 정의 규정을 개정하려고 발의한「건강가정기본법」개정 법률안은 모두 폐기되었다.

심지어 법률 개정 논의 자체를 차단하겠다는 의원도 있었다. 21대 국회 하반기 여성가족위원회가 구성되었지만,「건강가정기본법」개정 논의는 진전하지 못했다. 국민의힘 일부 의원은 '건강가정'이라는 용어 자체의 수정을 반대하며 법안소위 개최에 합의하지 않았다.

가족의 범위를 규정하는 법은 여전히 멈춰 있다. 하지만 사람들의 삶은 이미 경계를 넘어가고 있다. 한 아이가 태어나고, 그 아이를 사랑하고 책임지겠다는 부모가 있다면 국가는 왜 '정상 가족'이라는 틀 안에만 존재하도록 요구하는가?

정우성의 사례는 우리 사회에 있던 가족의 경계를 흔들었다. 그리고 지금, 그 경계 앞에 22대 국회와 우리 사회가 어떤 답을 내놓을지 궁금하다. 이번만큼은 법이 현실을 밀어내는 것이 아니라, 현실의 삶을 담아내는 그릇이 되길 바란다. 그 책임은 이제 우리 모두에게 있다.

가족의 모습은 시대에 따라 끊임없이 변화해왔다. 전통적 가족 형태에서부터, 이혼이나 사별을 경험한 가족, 다문화가족, 미혼모가족, 조손가족 등 점점 더 다양해지고 있다. 그러나 가족의 형태가 달라졌다고 해서 그 의미까지 달라지는 것은 아니다. 이제 우리 사회에서는 '어떤 형태의 가족이냐'가 아니라, '가족의 모습이 달라도 모두 가족으로 인정받아야 한다'는 점이 더 중요해졌다. 제도는 변화를 뒤따르는 것이 아니라, 포용해야 한다.

가족 형태에 따라 달라지는 문

2004년 2월 9일, 우리나라 가족 정책의 근간이 되는 「건강가정기본법」이 제정되었다. 이 법은 가족 구성원의 삶의 질을 증진하고 지원체계를 마련하기 위한 첫걸음이었다.

그리고 2005년, 가족 정책 업무는 보건복지부에서 여성부로 이관되었다. 지방자치단체는 「건강가정기본법」 제35조에 따라 지역 단위의 가족서비스 전달체계로 건강가정지원센터를 설치·운영하기 시작했다. 건강가정지원센터는 부부교육, 부모교육, 결혼준비교육 등 보편적인 서비스는 물론, 한부모·조손 가족 같은 취약위기 가족을 위한 맞춤형 지원을 포함하며 2013년까지 151개소로 확대되었다. 이후 2023년 기준으로 연간 43만 명 이상에게 가족돌봄, 교육, 상담, 위기지원 등 다양한 서비스를 제공하며 가족 정책의 핵심 기반으로 자리 잡았다.

2005년 노무현 대통령은 외국인 이주여성과 그 자녀의 인권 문제를 지적하며 제도를 개선하도록 지시했다. 이에 따라 2006년 다문화가족지원센터가 시범 설치되었다. 이 센터는 결혼이민자의 사회적응을 지원하기 위해 한국어 교육, 통·번역, 자녀의 이중언어 교육, 직업훈련 등 다양한 프로그램을 제공했다. 2008년에는 「다문화가족지원법」이 제정되며 법적 기반이 마련되었고, 센터는 217개소로 확대되었다. 그러나 이원화된 가족서비스 전달체계 구조는 새로운 문제로 떠올랐다. 건강가정지원센터와 다문화가족지원센터 모두 가족을 지원하기 위한 전달체계로 기능하고 있었지만, 지원 대상인 가족 형태를 구분하고 있었다.

특히 다문화가족지원센터는 결혼이민자의 초기적응 지원에는 효과적이었으나, 정착 시간이 지나면서 지원의 초점에도 변화가 필요했다. 초기정착 지원을 넘어 일반 가족과 마찬가지로 부부관계나 자녀교육 등 보편적 가족서비스에 대한 지원이 요구되었다. 그러나 다문화가족은 여전히 '다문화'라는 별도 공간을 이용해야 했다. 그리고 "왜 가족 모습에 따라 다른 문을 두드려야 하는가?"라는 질문은 결국 통합 논의로 이어졌다.

당시 한부모가족 단체들은 다문화가족처럼 한부모 전달체계도 별도로 구축해달라고 정부에 요구하고 있었다. 여성가족부는 이 문제의식을 바탕으로 건강가정지원센터와 다문화가족지원센터의 통합을 검토하게 되었다.

통합 추진 과정은 순탄하지 않았다. 가족정책관이 현장에서 두 센터의 통합 추진을 발표한 이후, 센터장과 종사자들은 인력 감축과 서비스 축소에 대한 우려로 반발했다. 다문화가족지원센터 종사자들은 광화문에 모여 연일 집단 시위를 이어갔다.

우리 부는 두 센터 통합으로 현장에서 우려하는 문제점을 검토하고 졸속으로 추진하지 않기 위하여 현장 의견수렴을 거쳐 통합방안 연구용역을 시작했다. 2013년 하반기 연구용역을 시작으로, 2014년에는 전국 권역별 설명회를 열었다. 반대가 강한 지역을 고려해 자율적으로 통합 방식을 결정하도록 했다.

지자체마다 상황이 달라, 일률적으로 통합을 추진하지 않고 기초지자체의 준비 상황에 따라 자율적으로 통합 시기를 결정하고 통합방식도 결정하고 시행하기로 했다. 동시에 두 센터 통합으로 서비스가 축소되지 않도록 예산 증액, 전문 상담 기능 강화, 신규 프로그램 도입, 공간 확장, 종사자 처우 개선 등 실질적인 대안을 병행하여 현장의 우려를 최소화하고자 했다.

기획재정부는 우리 부의 이 같은 접근방향에 적극 공감했고 '여성가족부가 추진한 일 중 가장 잘한 일'이라 평가했다. 그리고 센터 통합 후 가시적인 성과로 이어지도록 공간 확장, 종사자 처우 개선 등의 예산을 적극 지원해주었다. 그 결과 2014년 9개소의 시범운영을 시작으로 통합은 점차 확대되었다. 2025년 기준 전국 221개소가 통합 운영되고 있으며, 건강가정지원센터는 9개소, 다문화가족지원센터는 14개소만이 단독 운영되고 있다. 통합된 센터는 '가족센터'라는 이름으로 변경되어 모든 가족을 아우르는 보편적 가족서비스 지원기관으로 자리매김했다.

그러나 아직 해결해야 할 과제가 남아 있다. 통합 가족센터의 법적 기반을 마련하기 위한 「건강가정기본법」 개정안이 '가족의 정의'를 둘러싼 논쟁으로 국회에서 반복적으로 폐기되고 있다. 이것은 통합의 철학과 현실 사이의 간극을 여실히 보여주는 것이고, 제도는 현장의 변화를 따라가지 못하고 있다.

가족센터는 단순한 행정 통합의 결과물이 아니다. 모습이 달라도 모두 가족이고, 누구나 차별 없이 지원받아야 한다. 가족의 모습은 시대에 따라 달라질 수 있다. 그리고 통합과 포용은 이제 선택이 아니라 시대의 필연이다.

모든 아동은 차별받지 않아야 한다

우리 사회는 2010년을 전후로 가족의 형태가 더 빠르게 변화되었다. 부모와 자녀가 가정을 이루는 4인 가구는 급격하게 감소했고 1인 가구가 전체 가구의 30%를 넘어섰다. 한부모가구도 지속적으로 증가해 2022년 기준 149만 가구로 전체 가구의 6.7%를 차지한다. 그중 18세 이하 자녀를 양육하는 한부모가구는 35만 5천 가구이고, 이혼 가정이 한부모가구 중 81.6%를 차지하고, 이혼 후 자녀들은 어머니와 생활하고 있다. 한부모가구의 평균소득은 전체 가구의 58.8% 수준으로 대부분 경제적으로 열악한 실정이다. 한부모가구는 국민기초생활보장 수급 경험률이 일반 가구보다 10배 이상 높은 것으로 나타났다. 양육비를 제대로 지급받지 못하는 현실도 심각하다. 이혼 또는 미혼 가구 중 양육비 채권을 확보한 경우는 21.3%에 불과하다. 그중 실제로 양육비를 지급받은 가구는 27.9%에 지나지 않는다. 게다가 절반이 넘는 자녀는 이혼 후 비양육 부모를 한 번도 만나지 못했으며, 정기적으로 만나는 사례도 10.2%에 불과하다. 이는 이혼 이후 부모와 자녀 관계가 얼마나 심각하게 단절되었는지 보여주며 한부모가정 자녀가 충분히 보호받지 못하는 현실을 여실히 보여준다.

정부는 이러한 어려움을 덜기 위해 1992년부터 저소득 한부모가구를 대상으로 아동양육비를 지원해왔다. 2005년 한부모가족 업무가 여성부로 이관된 이후 한부모가구 자녀양육 지원을 지속적으로 확대해왔다. 특히 2017년 문재인 정부 출범 이후 지원 대상과 비용이 크게 상향되었다. 양육비 지원 연령은 기존 13세 미만에서 18세 미만으로 확대되었다. 더 나아가 고등학교 재학 시에는 최대 22세까지 확대되었고, 소득 기준도 중위소득 52% 이하에서 63% 이하로 완화되었다.

또한 한부모의 연령과 자녀 연령에 따라 차등 지급되는 양육비 지원체계도 도입되었다. 24세 이하 청소년 한부모가 1세 이하 자녀를 양육하면 월 40만 원이 지원된다. 25~35세인 한부모의 5세 이하 자녀에게 월 25만 원, 36세 이상 한부모의 자녀에게는 월 21만 원이 지원된다. 이 제도는 아동의 생존과 발달을 위한 최소한의 사회안전망 역할을 하고 있다.

2022년 윤석열 정부 출범 후 0세 아동에게는 월 100만 원, 1세 아동에게는 월 50만 원을 지원하는 부모급여 제도를 신설했다. 그리고 7세 이하 아동에게는 월 10만 원의 아동수당이 지급되고 있다.

제도는 사회변화에 맞추어 계속 변화되어야 한다. 한국보건사회연구원의 분석에 따르면, 정부 지원이 집중되는 0~2세보다 오히려 15~17세 같은 청소년기의 양육비 지출이 더 많은 것으로 나타났다. 15~17세 청소년의 월 평균 지출액은 약 48만 원 수준인데, 현금성 양육 지원은 전무하다. 반면 0~2세 아동은 월 평균 필요한 지출액보다 정부에서 지원하는 현금 급여가 초과되고 있다. 이러한 현금급여 지원체계는 장기적인 관점에서 아동 성장발달 과정에 바람직하지 않다. 아동 발달 단계와 양육자의 생애주기를 충분히 고려하지 않은 정부지원 제도는 오히려 양육 부담의 불균형을 심화할 수 있다.

따라서 한부모 아동양육비 지원체계는 더 정밀하게 설계되어야 한다. 현재 부모급여, 아동수당, 한부모 양육비, 교육급여 등은 부처별로 분절적으로 운영되고 있어 수혜자 입장에서 체감 효과도 떨어진다. 이러한 현금성 복지 제도를 연령별·소득별로 통합 설계하여, 아동의 성장 단계에 따라 필요한 만큼 지원받을 수 있도록 아동별 현금 급여 지원체계를 재정비해야 한다.

모든 아동은 부모의 경제적·사회적 배경과 무관하게 차별받지 않고 건강하게 성장할 권리가 있다. 이러한 가치를 실현하기 위해 정부의 적극적인 역할이 요구된다.

아동양육비 선지급제

양육비 선지급제, 제도화의 첫 단계

아동양육비 선지급 제도는 19대 대통령 선거 당시부터 논의되었고, 문재인 후보가 대선 공약으로 채택·발표했다. 그러나 정부 출범 후 인수위원회와 유사한 국정정책기획위원회 논의과정에서 재정 부담이 크다는 기획재정부의 반대로 국정과제에 포함되지 못했다. 20대 대통령 선거 당시 윤석열 후보도 대선 공약으로 채택했으나 인수위원회에서 기획재정부의 벽을 넘지 못하고 국정과제에서 제외되었다. 따라서 국정과제에 포함되지 않은 '아동양육비 선지급제 도입을 위해 여야 의원들이 발의한 「양육비이행법」 개정안을 우리 부에서 수용할 수 없었다. 특히 윤석열 정부 출범 후 초대 여성가족부 장관인 김현숙 장관은 아동양육비 선지급 제도가 언젠가는 도입되겠지만 지금은 시기상조라고 하면서 윤석열 정부에서는 아동양육비 선지급 제도가 도입되지 않는다고 했다. 그리고 아동양육비 선지급 제도 도입방안에 대한 내부 검토를 하지 않았다.

그러나 아동양육비 선지급 제도를 담당하는 가족정책국장으로서 이 제도의 실효성과 한계를 검토하지도 않은 채 무조건 제도 도입을 반대한다는 것은 국민에 대한 책임 있는 태도가 아니라고 생각했다. 따라서 2015년 3월 양육비이행관리원 출범 당시부터 시행하고 있는 '한시적 아동양육비 긴급지원금 제도'의 문제점을 살펴보기로 했다. 한시적 아동양육비 긴급지원금 제도는 아동양육비 선지급 제도와 유사한데, 2015년 도입 후 긴급지원금을 양육비 채무자로부터 회수하지 못하는 문제점으로 매년 결산 국회에서 지적받고 있었다.

2023년 기준 우리나라에서 미성년 자녀를 양육하는 한부모가구는 약 37만 가구다. 그중 50% 이상 한부모가구는 중위소득 60% 이하의 저소득층으로 나타났다. 우리나라는 미성년 자녀를 양육하는 저소득층 한부모가구에 아동양육비를 지원하고 있다. 자녀양육에 따른 경제적 부담을 경감해주기 위해 양육비 지원대상 및 아동 1인당 지원비용을 매년 확대했고, 특히 문재인 정부에서 저소득층 한부모가구 아동양육비 시원대상 및 지원비용을 획기적으로 확대하여 2023년 기준 이동양유비 지원대상을 중위소득 63% 이하까지 확대했고, 아동 1인당 양육비로 월 21만 원을 지원하고 있다. 또한 2015년 3월 출범한 양육비이행관리원은 이혼 후 아동양육비를 지급받지 못하는 양육 한부모가구를 대상으로 비양육 한부모로부터 양육비를 받을 수 있도록 양육비 상담부터 양육비 이행확보 소송 등을 지원하고 있다.

그러나 우리나라 비양육 한부모의 양육비 이행률은 양육비이행관리원이 출범한 지 10년이 지났는데도 여전히 낮은 수준에 머물러 있다. 2023년 기준, 양육 한부모가 양육비이행관리원의 지원을 받은 후 양육비를 지급받은 비율은 42.8%이고 연속 3회 이상 지급받은 비율은 23%에 불과하다. 게다가 이혼 후 양육 한부모의 대부분은 양육비 채권을 확보하지 못하고 있다. 그 결과 양육 한부모가 질병이나 실직 등으로 경제활동이 어려운 상황에 직면하면 미성년 자녀의 생존권이 위협받을 수 있다. 이를 보완하고자 정부는 미성년 자녀를 양육하는 한부모의 경제적 어려움을 지원하기 위해 '한시적 아동양육비 긴급지원금 제도'를 도입하여 시행하고 있다. 이 제도는 양육 한부모가 질병·사고 등으로 경제활동을 하지 못함으로써 생활이 어려운 기간(9~12개월)에 아동양육비를 정부에서 선지급하고 양육비를 비양육 한부모(양육비 채무자)에게 구상하는 것이다. 2015년 양육비이행관리원 출범 당시부터 도입된 아동양육비 긴급지원금의 회수율은 2023년 기준 15.3%로 매우 낮다. 나는 가족정책관 보임 후 한시적 아동양육비 긴급지원금의 회수율이 낮은 원인을 분석해보기로 했다. 분석 결과, 양육비이행관리원은 한시적 아동양육비 긴급지원금 선지급 후 2019년까지 양육비를 회수하지 않고 있었다. 두 번째는 양육비 채무자의 상당수가 양육비 긴급지원금을 상환할 경제 능력이 없었다.

미국·프랑스·독일의 양육비 이행 지원 제도

2023년 미국·프랑스·독일에서 시행하고 있는 한부모의 양육비 이행 지원 제도를 살펴보았다. 미국 정부는 양육비를 채무자로부터 직접 징수하여 채권자에게 지급하는 제도를 시행하고 있다. 그리고 정부에서 아동양육비를 선지급한 후 채무자로부터 구상하는 양육비 선지급 제도는 시행하지 않았다. 대신 양육비를 이행하지 않는 양육비 채무자에 대한 행정적·형사적 제재 조치가 매우 강력하다. 정부는 법원 명령을 통해 양육비 채무자의 소득에서 양육비를 직접 징수하여 양육비 채권자에게 지급하고, 양육비를 연체하면 자동차 운전면허 정지, 여권 취소 등의 행정 제재와 더불어 형사 처벌도 가능하다. 그 결과 양육비 이행 비율은 2021년 기준 79%에 달하고, 그중 63%가 정부에서 양육비를 징수하여 지급했고 16%가 자발적으로 양육비를 이행했다.

미국 정부는 자발적으로 양육비를 이행하지 않는 '양육비 채무자'에게 양육비를 징수한 후 '양육비 채권자'에게 지급하는 데 소요되는 행정비용을 수수료로 부과하여 징수하고 있다. 이는 양육비 채무자가 양육비를 자발적으로 이행하도록 유도하는 것이며, 그 결과 양육비 선지급 제도에 따른 양육비 채무자의 도덕적 해이를 방지하고 정부의 재정 부담을 경감하는 효과가 동시에 있었다.

독일은 1980년부터 아동양육비 선지급 제도를 시행하고 있다. 선지급 대상은 이혼, 미혼, 사별 등 한부모가 된 원인과 양육비 채권 확보 여부와 관계없이, 미성년 자녀를 양육하는 한부모가구의 소득수준을 기준으로 판단한다. 선지급액은 12~17세 자녀의 월 최소 부양료 588유로(약 100만 원)에서 아동수당 250유로(약 42만 원)를 제외한 338유로(약 57만 원)이고 매월 정부에서 선지급한다. 재정은 연방정부에서 40%, 주정부에서 60% 분담하며, 아동양육비 선지급 업무는 주정부에서 담당하고, 선지급된 아동양육비가 회수되면 그중 40%는 연방정부에 귀속된다. 양육비 채무자가 실직 등으로 지불 능력이 없다고 판단하면 양육비 구상권을 면제해준다. 독일에서 시행하는 아동 양육비 선지급 제도는 우리나라에서 시행하는 저소득층 한부모 아동양육비 지원 제도와 거의 동일하다. 차이점은 양육비 채무자가 있으면 선지급된 아동양육비를 구상한다는 점이다. 그러나 양육비 채무자가 지불 능력이 없는 것으로 확인되면 양육비 구상권을 면제하여 사실상 우리나라의 저소득층 한부모 아동양육비 지원제도와 동일하다.

프랑스는 미국의 양육비 이행 지원 제도와 동일하다. 정부에서 양육비 채무자의 급여나 실업수당 등에서 원천징수한 후 양육비 채권자에게 직접 지급하고 이에 따른 행정비용을 양육비 채무자에게 수수료로 부과한 후 징수한다. 다만 프랑스는 미국과 달리 양육비 채무자가 양육비를 이행하지 않으면 운전면허 정지 등 행정적 제재 조치는 하지 않고 형사처벌을 한다. 그리고 2022년부터 아동양육비 선지급제를 시범운영하고 있다. 아동양육비 선지급 제도는 자녀 1인당 월 184.41유로(약 31만 원)를 지급한 후 회수하는 방식으로 운영하는 초기 단계다.

한부모 아동양육은 공공의 책임

아동양육비 선지급 제도는 2024년 4월 총선을 앞두고 충분한 검토 없이 일방적으로 도입이 결정되어 아쉬움이 컸다. 본래 이 제도는 사전에 철저하게 준비하고 시행 후 예상하지 못한 문제점까지 면밀히 검토한 뒤 도입하여 양육 한부모의 자녀양육 부담을 실질적으로 경감하는 정책이 되길 바랐다.

그러나 당시 대통령실이 어떤 의도로 갑작스럽게 도입하기로 결정했는지 이해하기 어렵다. 그럼에도 선지급 제도가 양육 한부모와 그 자녀에게 실질적으로 도움이 되는 정책이 되기를 바라는 마음에서 아동양육비 선지급 제도의 바람직한 방향을 제안한다.

첫째, 보편성과 통합성을 강화해야 한다. 기존의 저소득 아동양육비 지원대상과 아동양육비 선지급 대상을 유기적으로 통합하여 중복성과 형평성 문제를 해소해야 한다. 선지급 대상 범위를 조정해야 한다. 독일의 아동양육비 선지급 지원대상이 우리나라에서 시행하는 저소득층 한부모 아동양육비 지원대상과 동일하다는 것을 고려해보아야 한다. 다시 말해 아동양육비 선지급 대상은 이혼한 한부모 중 양육비 채권이 있는 경우에만 해당된다. 그러나 사별한 한부모와 미혼모는 아동양육비 선지급 대상에 포함되지 못할 뿐만 아니라 양육비 채권이 없는 이혼한 한부모도 양육비 선지급 대상에서 제외되고 있다. 아동양육비 선지급 대상에서 제외된 사별한 한부모·미혼모·양육비 채권이 없는 이혼한 한부모는 정부에서 양육비 선지급을 지원받지 못하는 반면, 양육비 채권이 있는 이혼한 한부모 중 중위소득 150% 이하는 정부에서 양육비 선지급을 매월 아동 1인당 20만 원 받는다. 독일은 양육비 채권 여부와 관계 없이 사별한 한부모·미혼모·양육비 채권이 없는 이혼한 한부모도 양육비 선지급 대상에 포함되고, 양육비 채무자가 양육비 지불 능력이 없다고 판단되면 구상권을 면제해준다. 이처럼 지원대상에서 제외되는 정책대상자가 나오지 않도록 정부에서는 양육비 선지급 제도를 시행해야 한다.

둘째, 회수 체계의 유연성을 확보해야 한다. 독일 사례처럼 채무자의 지불 능력을 기준으로 구상권 면제 여부를 판단하여 불

필요한 행정비용을 줄여야 한다. 2015년부터 도입하여 시행하고 있는 한시적 아동양육비 긴급지원금 회수율이 낮은 원인의 상당수가 채무자가 기초생활수급자이거나 실직으로 양육비 채무를 지불할 능력이 없는 것이었다. 양육비 채무 지불 능력이 없는 채무자에게 긴급지원금 회수를 위해 양육비이행관리원에서 주기적으로 연락하거나 관리하는 행정비용을 고려한다면, 독일처럼 양육비 긴급지원금 구상권을 면제해주는 방식을 제안한다. 다만 양육비 채무자의 도덕적 해이와 양육비 선지급 대상에서 제외된 사별한 한부모·미혼모·양육비 채권이 없는 이혼한 한부모 등에 대한 형평성 문제도 동시에 검토해야 한다. 따라서 독일의 아동양육비 선지급 제도와 동일하게 저소득층 한부모 아동양육비 지원 제도와 병합하여 운영하는 것을 제안한다.

셋째, 양육비이행관리원과 지방자치단체로 이원화된 운영구조를 지자체 중심으로 통합 운영하는 것을 제안한다. 지방자치단체에서 저소득층 아동양육비 지원 제도를 운영하고 양육비이행관리원에서 양육비 선지급제를 운영하는 구조는 동일한 대상에게 지원하는 행정비용을 높이고 있다. 양육비이행관리원은 여성가족부 산하 공공기관이다. 따라서 양육비이행관리원의 직원은 준공무원으로 현금성 아동양육비 지원 업무를 직접 수행하는 것은 제고가 필요하고, 현금성 업무는 지방자치단체 공무원이 수행하는 것이 바람직하다. 뿐만 아니라 양육비 채권을 확보한 한부모의 비율이 높지 않으므로 아동양육비 선지급금을 국비로 충당할 수 있다고 판단할지 모르나 양육비 채권 비율이 높아질수록 양육비 선지급 예산이 기하급수적으로 증가할 수 있다. 아동수당, 보육수당, 부모급여, 저소득층 한부모 아동양육비 등 현금성 아동별 지원 재정은 국비와 지방비로 분담하고 있다. 양육비이행관리원은 양육비 채권을 확보하지 못한 이혼한 한부모에게 상담부터 양육비 채권을 확보하도록 지원하는 기능을 담당하고 양육비 지원은 지방자치단체에서 수행해야 한다.

넷째, 도덕적 해이를 방지하기 위한 장치를 마련해야 한다. 미국과 프랑스처럼 양육비 채무자에게 양육비 이행에 따른 행정비용 수수료를 부과하거나, 일정 기간 이행하지 않으면 신용정보 등록 등 실질적 불이익을 부여하는 제도적 장치를 마련해야 한다. 미국은 양육비 선지급제를 도입하지 않고 대신 양육비를 직접 채무자로부터 징수하여 채권자에게 지급하고 그에 소요되는 행정비용도 채무자로부터 징수한다. 따라서 저소득층 아동양육비 지원과 아동양육비 선지급 제도를 병합하여 지자체에서 운영하고 양육비 채무자로부터 행정비용에 소요되는 비용을 수수료로 부과하여 징수하는 방안을 제안한다.

다섯째, 징수 중심형 대체 모델을 운영해야 한다. 선지급 대상에서 제외된 양육 한부모는 미국의 제도처럼 양육 한부모의 신청을 받아서 양육비 채무자로부터 직접 징수해 양육비 채권자에게 지급하는 방식을 양육비이행관리원에서 운영하는 방안을 제안한다.

한부모 아동양육비는 단순한 복지 정책이 아니다. 태어난 아동의 생존과 성장에 직결되는 공공의 책임이다. 아동양육비 선지급 제도가 실질적인 효과를 거두기 위해서는 보편성과 형평성, 행정 효율성, 도덕적 해이 방지 등이 유기적으로 작동해야 한다. 또한 정부에서 '선지급'을 약속한 순간부터, 그 정책은 단순한 지원이 아니라 신뢰의 문제로 전환된다. 정밀한 설계와 실효적인 집행 체계를 통해 아동양육비 선지급 제도가 자리매김하길 바란다.

소외된 가족 지원

마음의 문을 여는 열쇠가 된 '도시락'

2014년 4월 16일, 경기도청 북부청사에서 수도권 지방자치단체 공무원과 건강가정지원센터와 다문화가족지원센터 종사자를 대상으로 두 센터의 통합방향을 설명하고 있었다. 가족 형태가 날로 다양해지는 현실에서 두 센터를 하나의 체계로 통합하는 것은 정책적으로 필연적인 선택이었다. 그러나 통합의 정책적 취지와 달리 현장에서는 센터 통합이 인력 감축과 다문화가족서비스 축소로 이어질 것이라는 불안이 커지며 반발이 거셌다. 나는 "다문화가족센터와 건강가정지원센터 통합으로 절대 종사자의 인력이 감축되는 일은 없을 것입니다"라고 강조하며 다문화가족센터 종사자들과 지자체 다문화가족업무를 담당하는 공무원들의 팽팽

한 긴장감을 풀어보려 애썼다. 그리고 센터 통합방향 설명회를 마무리하고 오후 4시 광화문 서울청사로 복귀한 후에야 진도 팽목항에서 발생한 세월호 사고 소식을 들었다. 안산 단원고등학교 학생을 포함한 304명의 생명이 차가운 바닷속에 잠긴 그날은 단지 국가적 재난이 일어난 날이 아니었다. '행정'이 사람의 생명과 감정 앞에서 무엇을 해야 하는지 질문하게 만든 날이었다.

우리 부는 세월호 피해 유가족을 지원하기 위한 태스크포스를 꾸렸다. 장관과 가족정책관은 진도 팽목항으로 내려갔다. 유가족 지원 TF는 청소년 심리상담팀과 가족지원팀으로 구성되었고 나는 가족지원팀 총괄을 담당하기로 했다.

사고 발생 이틀 뒤 4월 18일, 진도 팽목항을 다녀온 조윤선 장관은 안산 고대병원에 마련된 빈소를 방문하기로 했다. 나는 조윤선 장관과 함께 빈소를 찾았다. 그러나 유족은 조 장관의 조문을 거절했다. 세월호에 탑승한 안산 단원고 학생을 구조하지 못한 정부에 대한 분노는 극에 달해 있었다. 분노에 찬 유족 앞에서 장관의 직함조차 말할 수 없을 만큼 송구한 마음이었다.

빈소를 나와 안산 단원고에 마련된 사고대책반을 찾았다. 그곳에서 사고 상황을 보고받은 후 대강당에 모여 구조 소식을 기다리는 유족을 방문하기로 했다. 그러나 구조 소식을 기다리는 유족의 분노 또한 높아서 그들을 방문하기가 쉽지 않다고 사고대책반에서 조언했다. 조 장관은 빈소 조문 거절을 떠올리면서 대강당 유가족 방문을 망설이다 결국 발길을 돌렸다. 그런데 우리를 뒤따르던 기자가 그 장면을 포착했고, "유족을 외면한 장관"이라는 기사가 보도되었다.

당시 우리 부는 할 수 있는 일을 준비했다. 경기도교육청과 협력해 안산 단원고 희생 학생들의 형제자매 141명을 긴급돌봄 체계에 포함시켰고, 35개 초중고 학교에 전담교사를 지정해 유가족 심리 지원과 돌봄서비스를 병행할 수 있도록 했다. 안산과 진도 팽목항에 아이돌보미와 가족상담사를 파견하여 정서·심리 치료와 아이돌봄서비스를 병행하여 지원했다. 그러나 복지부와 의사 출신의 한 국회의원은 심리상담은 전문의의 영역이라며 우리 부에서 제공하는 정서·심리 치료 지원에 강하게 문제를 제기했다. 일부 언론에서는 "여성가족부가 업무 소관도 아닌 분야에 개입하고 있다"라는 비판기사도 보도했다.

당시 우리 부는 부처의 기능 범위 안에서 유가족에게 실질적으로 도움을 주기 위해 노력했다. 안산 단원고 보호자가 진도 팽목항에 내려가 아이들이 구조되기를 기다리는 동안, 집에 홀로 남겨진 형제자매와 노부모를 위해 기업의 후원을 받아 도시락을 매일 배달했고 아이돌보미를 파견하여 가사서비스와 자녀돌봄서비스를 제공했다. 하루 50개로 시작된 도시락 배달은 700개까지 늘어났다. 당시 롯데, SK, 신세계 등의 후원과 지역 아이돌보미의 헌신 덕분에 우리 부는 세월호 유가족을 지원할 수 있었다.

세월호 침몰 후 구조에 실패한 수많은 유가족의 분노는 정부와 공무원에 대한 불신으로 이어졌다. 따라서 공무원은 유가족에게 접근하기 어려웠다. 도시락도 지역 내 건강가정지원센터 아이돌보미와 자원봉사자가 배달했다.

어려운 사정을 알아야 지원 내용을 정부에서 검토할 수 있는데 유가족이 공무원을 만나려 하지 않아 정부에서 고민하고 있었다. 우리 부는 유가족을 만나기 위한 방안으로 도시락 배달을 직접 하기로 했다. 그리고 첫 번째 유가족을 방문하는 데 성공했다. 조 장관과 나는 도시락을 배달하고 유가족의 이야기를 들었다. 그분은 세월호에서 구조하지 못한 단원고 학생 아버지였다. 아버지는 왜 정부에서 아이들을 구조하지 못했는지 원망과 슬픔을 전했다. 우리는 아버지의 원망을 말없이 들으면서 눈물을 닦았다. 그분은 1시간 동안 이야기를 한 이후에야 우리가 누구인지 물었다. 나는 그제야 가족정책과장이고 제 옆은 여성가족부 장관이라고 말씀 드렸다. 그분은 마음속에 있는 원망을 털어놓으니 속이 조금 후 련하다고 했다.

나는 그분에게 혹시 다른 유가족도 만날 수 있도록 연결해주면 찾아가 그분들의 이야기를 듣겠다고 했다. 그분은 다른 유가족을 연결해주었다. 나는 안산 단원고 피해 유가족들에게 한분 한분 전화를 하고 우리의 이름도, 직책도 밝히지 않고 유가족들을 가 가호호 방문했다.

나와 조 장관은 그날 이후 광화문 청사에서 업무를 마친 뒤 저녁과 주말마다 안산으로 향했다. 당시 나는 시아버지 제사도 잊은 채 안산 단원고 유가족을 방문하여 그들의 분노와 슬픔을 묵묵히 들었다. 유가족의 이야기를 들은 후 수도·전기 요금이 밀려 끊기기 직전인 가정에는 공공 연계를 통해 공급이 유지되도록 조치했다. 한 할머니는 아들 내외가 이혼하자 손주 둘을 키우고 있었는데, 큰손주가 세월호 사고로 돌아오지 못하자 공공근로를 중단해야 했다. 그리고 전기요금도 수도요금도 내지 못해 생계가 막막한 상황이었다. 이 사실을 듣고 롯데마트 지점장과 연결해 할머니가 일자리를 얻을 수 있도록 조 장관이 도왔다. 유가족 가정의 어려움과 사정을 듣고 지원할 수 있는 일들을 다른 부처와 연계해 해결해주었다.

그로부터 시간이 흘러 2023년 11월 10일, 언론을 통해 조윤선 전 장관이 정무수석 재직 시절 세월호 특조위 활동을 방해하고 우익단체를 동원해 유족 공격 시위를 조직했다는 보도를 보게 되었다. 도저히 믿기지 않았다. 나와 함께 도시락을 손에 들고 안산 단원고 학생 유가족의 집을 찾았고, 함께 울고 함께 들었던 유가족의 아픈 이야기를 어찌 잊고 그런 일을 했다는 건가? 잊고 있던 안산 단원고 학생 유가족이 전했던 아픔이 떠오르면서 가슴이 저려왔다.

2017년 세월호 실종자의 유골이 추가로 발견되었을 때, 해양

수산부 모 과장이 내게 전화해 다시 유가족 지원을 요청했다. 그는 2014년 당시 우리 부가 안산 단원고 피해 유가족을 도시락을 들고 가가호호 방문하며 지원한 일을 해양수산부 관계자들이 여전히 기억한다고 전했다. 나는 안산 건강가정지원센터장을 연결해 필요한 지원이 이어지도록 조치해주었다.

2014년 세월호 사고 이후 나는 공무원이 무엇을 할 수 있는지, 그리고 무엇을 해야 하는지 끊임없이 스스로에게 질문하면서 일했다. 다시는 우리 사회에서 그런 참사가 반복되지 않도록 우리는 잊지 말아야 한다.

선례 없이 시작된 가족센터 건립

행정은 사람들의 일상 속 가장 작은 틈을 메우는 데서 시작된다. '가족'이라는 말은 시대의 흐름에 따라 의미가 달라지고 있지만, 제도는 따라가지 못하고 있다. 1인 가구, 비혼 가구, 한부모, 다문화 등 다양한 가족 형태가 생겨나고 있으나 법과 행정은 하나의 모습만을 전제로 설계되어 있다. 그 사각지대는 오랫동안 방치되었다. 그리고 정부는, 공무원은 늘 이렇게 말했다.

"선례가 없습니다."

이 말은 아직 아무도 시작하지 않았다는 뜻일 뿐이다. 그래서 나는 시작했고 그 시작은 전국으로 확대되었다.

여성가족부가 건강가정지원센터와 다문화가족지원센터를 운영하던 시절, 현장에서도 제도적 균열이 감지되고 있었다. 가족 유형을 나눈 이원화된 운영 방식은 다문화가족에 대한 사회적 편견을 강화했고, 법과 제도는 현실을 담아내지 못했다. 따라서 2013년 우리 부는 두 센터를 '가족센터'로 통합하기로 결정하고 2014년부터 시범운영을 시작해 현장의 거센 반발과 제도적 어려움을 뛰어넘고 가족센터의 통합성과를 이루어냈다. 그 결과 가족센터는 더 다양한 가족에게 다가갈 수 있게 되었다.

그러나 그것만으로 충분하지는 않았다. 통합 가족센터에서 제공해야 하는 가족서비스 공간 부족은 현실적 제약으로 남아 있었다. 그로 인해 가족서비스는 확대하기는커녕 종종 멈추어야만 했다.

2014년 어느 날, 전화가 한 통 걸려왔다. 국회 민주당 모 의원실 보좌관이었다. 그는 구로구 지역 내 다문화가족이 급격하게 증가하여 그들을 위한 전용공간이 필요하다고 했다. 그리고 우리 부에 다문화가족센터 건립을 제안했으나 다문화가족정책과에서 센터 건립 예산을 지원한 선례가 없다는 이유로 제안을 거절했다며 답답함을 토로했다.

당시 센터 건립 예산을 우리 부에서 지원한 선례는 없었다. 건강가정지원센터와 다문화가족지원센터는 지자체에서 설치하도록 규정되어 있다. 따라서 지자체에서 센터를 건립하고 우리 부는 센터 운영비의 일부만 보조하고 있었다. 건강가정지원센터와 다문화가족지원센터 상당수는 지자체 소유 구민회관이나 민간 건물을 임차해서 운영되고 있었다.

그러나 결혼이민자의 수는 100만 명을 넘어설 만큼 증가했고 특히 다문화가족 자녀는 학령기로 진입하는 등 다문화가족 수요가 빠르게 증가하는데도 지역 다문화가족지원센터 공간은 너무 협소한 수준에 머물러 있었다. 특히 구로와 안산 지역은 중국, 러시아, 우크라이나 등 다양한 국적의 다문화가족이 모여들었고, 이들에 대한 가족지원 수요는 폭증하고 있었다. 다문화가족 자녀의 학교폭력 경험 비율은 일반 학생의 두 배가 넘었고, 한국어 능력 부족은 학교 학습 부적응으로 이어졌고, 대학 진로 고민과 교우관계의 어려움은 심각한 상태였다. 이제 다문화가족을 위한 가족지원서비스가 결혼이민자를 대상으로 하는 한국어 교육이나 통·번역 지원을 넘어 자녀의 학습지도, 진로지원, 정서심리상담까지 아우르는 통합 지원체계가 필요했다.

당시 나는 건강가정지원센터와 다문화가족지원센터의 통합 업무를 추진하고 있었다. 그때 국회의원 보좌관의 전화를 받고 '기회다!' 싶었다. 그래서 다문화가족지원센터 건립 계획서를 '건가(건강가정지원)·다가(다문화가족지원) 통합센터' 건립으로 변경해보라고 역으로 제안했다.

단순한 센터 건립 계획의 명칭 변경이 아니었다. 한부모, 맞벌이, 조손가족 등 다양한 가족이 함께 지원받을 수 있는 실질적인 건가·다가 통합 센터가 필요했다. 건가·다가 센터 건립 계획은 센터 통합에 반대하는 현장도, 기획재정부도, 국회도 설득할 수 있는 정책의 명분이 될 수 있을 것이라고 생각했다. 센터 건립을 지원한 선례가 없다는 것은 그동안 아무도 시도하지 않았다는 것일 뿐이다. 그 선례를 내가 만들면 되는 것이다.

서울시와 구로구는 센터 건립 부지를 제공하고, 우리 부는 건축비 일부를 지원하는 방식으로 사업계획서를 수립하도록 했다. 그리고 기획재정부에 제출했고, 2015년 국회에서 67억 원의 국비 예산을 확보했다. 그렇게 구로 가족센터 건립이 추진되었고 완공 이후 구로 가족센터는 연간 4만 명 이상이 이용하는 지역 대표 가족서비스 제공기관으로 자리매김했다.

2018년, 두 번째 기회가 찾아왔다. 여성가족위원장인 전혜숙 의원이 광진 지역구에 청소년시설 건립 지원을 문의해왔다. 그러나 청소년시설 건립 지원사업은 2017년 지방자치단체로 이양되어 여성가족부가 직접 지원할 수 있는 사안이 아니었다.

따라서 전혜숙 위원장에게 건가·다가 통합센터 건립으로 방향을 선회하도록 제안했다. 전혜숙 위원장도 다양한 가족 문제의 중요성을 인식하고, 구로 가족센터 건립 지원 선례를 듣고 난 뒤 나의 역제안을 받아들였다. 그리고 기획재정부의 거센 반대를 뚫고 2019년 5개소의 가족센터 건립 예산 250억 원을 확보하는 데 성공했다.

진선미 장관의 취임은 가족센터 건립에 또 하나의 전환점이 되었다. 문재인 정부의 국정과제 생활 SOC 복합화 사업에 가족센터는 포함되지 않았다. 그러나 우리 부는 포기하지 않았다. 총리 주재 국정현안 조정회의에서 생활 SOC 3개년 계획 최종심의를 앞두고 진 장관에게 보고했다. 진 장관은 우리 부가 가족센터를 건립하기 위해 노력하는데도 기획재정부에서 반대해 포함되지 못했다는 보고를 받고 내게 물었다. "내일 국정현안 조정회의에서 발언해야 할까요?" 나는 답했다. "발언은 장관님의 몫입니다. 다만 하지 않으면 아무 일도 일어나지 않습니다." 그렇다. 결정적 순간, 생각을 말하지 않으면 아무 일도 일어나지 않는다.

다음 날 국정현안 조정회의에서 진 장관은 가족센터 건립 필요성에 대해 작심하고 발언했다. 그리고 가족센터 건립이 문재인 정부의 국정과제 '생활 SOC 복합화 사업'에 포함되었다. 가족센터는 지역 내 도서관, 체육센터, 어린이집 등과 함께 필수 공공시설로 지정되었다. 그 결과 62개소의 가족센터 건립 예산이 반영되었고, 2020년 60개소, 2021년 89개소, 2022년 77개소, 2023년 25개소, 2024년 10개소로 순차적으로 확대되었다.

만약 2015년 국회에서 제안한 구로 가족센터 건립 계획을 선례가 없다는 이유로 불수용하거나 보좌관의 푸념에 역제안하지 않았다면 지금의 가족센터는 없었을 것이다. 나는 선례는 없지만 시작했고, 그 시작은 전국에 가족센터를 건립하는 계기를 마련했다.

예견된 정책 실패, 한부모시설 무상 아이돌봄서비스

2018년 8월, 한부모시설에 입소한 미혼모 또는 한부모가 직업훈련이나 취업 등으로 자녀를 돌보지 못하는 상황이 되면 아이돌봄서비스를 무상으로 이용할 수 있도록 예산을 편성했다. 당시 우리 부에서 편성한 한부모시설 무상 아이돌봄 예산은 총 61억 3,800만 원이었다. 그러나 국회 여성가족위원회 예산심의 과정에서 예산편성 산출 근거가 부족하다고 지적되었고, 17억 1,900만 원이 삭감된 44억 1,900만 원이 예산결산특별위원회로 넘어갔다.

이 예산은 국회 예산결산특별위원회 소회의 심의 과정에서 뜨거운 논쟁으로 떠올랐다. 국민의힘 송언석 의원은 "국가가 모든 걸 다 해줄 수는 없다"라고 하면서 한부모시설 무상 아이돌봄서비스 예산을 전액 삭감해야 한다고 주장했다. 기획재정부 김용진 2차관은 "해당 예산은 한부모시설 아동이 고아원으로 가는 것을 막기 위한 최소한의 조치입니다"라며 필요성을 주장했다. 이 과정에서 감정이 북받친 그의 발언은 이후 언론 보도로 이어졌다. 송언석 의원은 언론 보도 후 "한부모의 어려운 사정을 외면하자는 것이 아니라, 기존에 지방자치단체가 하던 일을 국비로 바꾸려는 것이 부적절하다고 본 것이다"라고 해명했다. 하지만 송언석 의원의 발언은 사실과 다르다. 한부모시설 내 한부모 자녀에 대한 아이돌봄서비스 무상지원은 정부에서 처음으로 시행하는 신규 사업이다. 소요예산은 여성가족부와 지방자치단체가 분담하는 구조로 설계되었으며 송언석 의원의 주장과 달리 지방자치단체가 이미 시행하던 사업을 국비로 전환하는 사업이 아니라 새로운 정책의 시도였다.

그러나 한부모시설 아이돌봄서비스의 무상지원이라는 정책 취지가 선의라고 해도 정책 설계와 집행 방식에 허점이 있다면 지속되기 어렵다. 그렇다면 2018년에 처음으로 편성된 한부모시설 아이돌봄서비스 무상지원 예산 61억 원은 적절했는가? 결론부터 말하면 그렇지 않았다. 이 사업은 당초 정책 설계에서부터 문제가 있었다. 전국 121개소 한부모시설 입소 인원은 2,152명으로 전체 한부모가구의 1%도 되지 않는다. 대다수 한부모는 한부모시설이 아닌 곳에 거주하면서 자녀를 돌보고 있다. 그런데 한부모시설에 입소한 한부모 자녀만 아이돌봄서비스를 무상지원하겠다는 것은 동일한 소득수준의 한부모 자녀가 정부지원 대상에서 소외되는 결과를 초래한다. 거기에다 한부모시설 아이돌봄서비스 무상지원 비용 61억 원은 산출 근거도 명확하지 않은 채 편성된 정책 수요를 상회하는 과도한 예산이었다. 그 결과 이 사업이 시행된 첫해부터 예산의 절반 이상이 집행되지 못하고 불용되는 상황을 초래했다.

2024년 한부모가구 실태조사에 따르면, 한부모가구의 월평균 가처분소득은 294만 6천 원으로 전체 가구의 60.3% 수준이다. 따라서 아이를 돌보면서 생계를 책임지는 한부모의 자녀양육 부담을 실질적으로 덜어주기 위해서는 아이돌봄서비스의 무상지원 대상자 선정기준을 한부모시설 입소 여부가 아니라 한부모가구의 소득수준으로 설계했어야 한다.

한부모시설 무상 아이돌봄서비스 예산의 또 다른 문제는 예산 편성 이후 집행 지침이었다. 이 사업은 한부모시설에 입소한 한부모에게 자녀돌봄 시 무상으로 지원하겠다는 명분을 내세웠지만 결과적으로는 오히려 한부모의 이용 문턱을 높이는 방식으로 설계되었다. 아이돌봄서비스를 이용하기 위해서는 이용자가 월 납부금을 선납하고 매월 말 이용료를 정산하는 방식이다. 한부모시설에 입소한 한부모는 상당수가 기초생활수급자로 기존 아이돌봄서비스 이용료 중 90%는 정부에서 지원하고 있어 본인 부담금 10%만 선납하면 된다. 그러나 한부모시설 무상 아이돌봄서비스 집행 지침은 한부모가 이용료의 전액을 선납하도록 하고 이후 전액 반환해주는 방식으로 만들어졌다. 이는 과도하게 편성된 예산의 불용액을 최소화하기 위한 편법으로 지침을 만든 결과물이다. 공무원의 안이한 집행 지침으로 경제 능력이 없는 한부모는 선납금을 납부하지 못해 아이돌봄서비스를 이용하지 못하는 그림의 떡이 되고 말았다. 얼마나 어이없는 집행 지침이란 말인가.

여성가족부의 한부모시설 무상 아이돌봄서비스 지원예산은 수요조사 없이 시작된 공급자 중심의 예산이었으며 그로 인해 예견된 정책 실패를 보여준 사례다.

이 사례는 우리에게 세 가지 교훈을 남겼다. 첫째, 정책은 공급자가 아니라 수요자 중심으로 설계되어야 한다. 둘째, 정부의 재정지원은 형평성과 사회적 타당성에 기반해야 한다. 셋째, 예산편성은 철저한 수요조사를 바탕으로 편성되어야 한다. 정책은 만드는 것 자체가 목적이 아니다. 국민에게 필요한 정책을 만들어야 실행도 되는 것이지, 그렇지 않으면 결국 실패한 정책이 된다.

학교밖청소년 지원

학교를 떠나는 순간, 제도에서 벗어나는 아이들

2014년 5월 19일, 대한민국 정부는 처음으로 '학교밖청소년'을 정책 대상으로 하는 법률을 제정했다. 그것은 「학교 밖 청소년 지원에 관한 법률」이다. 이 법을 통해 국가에서 '학교를 떠난 청소년'도 보호하고 지원하겠다는 것이다. 그동안 학교를 떠난 수많은 청소년이 어디에서 무엇을 하면서 어떤 삶을 살아가는지 알 수 없었다. 그들은 우리 사회에 존재하지만 보이지 않는 아이들이었다.

청소년 정책은 1983년부터 시작되었다. 청소년 정책의 소관 부처는 시대에 따라 문화부, 국무총리실, 청소년위원회, 보건복지부, 그리고 여성가족부로 변화되었다. 그러나 어느 부처에서도 학교를 떠난 청소년을 보호하고 지원하기 위한 정책 대상자로 포함하지 않았다. 2010년 3월, 청소년 업무가 보건복지부에서 여성가족부로 이관되었다. 그 후 우리 부는 위기청소년 보호를 청소년 정책의 우선순위로 두었고, 그 과정에서 학교 밖 청소년에 관심을 갖기 시작했다.

당시 교육부 통계에 따르면 매년 5~7만 명의 청소년이 학교를 떠나고 있다. 학교를 떠나는 순간, 그들은 제도 밖으로 밀려났고 국가의 보호에서 벗어나게 되었다. 국가에서도 지원받지 못하고 가족의 지원조차 받지 못하는 상당수 청소년은 위기상황에서 도움을 요청할 곳이 없었고, 거리에서 방황하거나 '가출 팸'을 형성하면서 생계를 이어갔다.

이러한 상황을 인식한 국회에서 남인순, 김희정, 김관영 의원 등이 「학업중단 청소년 지원에 관한 법률안」을 대표발의했다. 국회 여성가족위원회는 이를 통합·조정하여 「학교 밖 청소년 지원법」의 제명으로 2014년 법률을 제정했고, 2015년 5월 29일부터 시행되었다.

법률 제정 후 '학교밖청소년지원과'가 신설되었고, 나는 2015년 2월 25일 학교밖청소년지원과의 초대 과장으로 보직을 받았다. 당시 김희정 장관이 나에게 가족정책국의 주무과장으로 고생이 많았는데 청소년국의 말단과장이자 신설 부서로 보직 이동되어 미안하다고 했다. 그러면서도 신설되는 업무 만큼은 내가 가장 잘 해낼 것이라 생각해서 진보 인사를 내는 것이니 양해해달라고 했다. 나는 조직에서 원한다면 당연히 주무과장이든 말단과장이든 관계없이 좋다고 했다. 그러나 당시 나는 매우 지쳐 있었다. 2014년 4월 16일 세월호 참사 이후 가족정책관이 직위해제되면서, 가족정책관 직무대행, 세월호 피해 유가족 총괄 지원과 가족정책과장 업무까지 사실상 1인 3역을 수행하던 시기였고, 그 과정에서 에너지가 고갈되어갔다.

학교밖청소년지원과장으로 보직된 직후, 한 달 이내에 학교밖청소년 지원 대책을 마련하고 학교밖청소년지원센터를 개소하라는 지시가 내려왔다. 그러나 당시에는 학교밖청소년에 대한 실태조사도 없었다. 매년 학교를 떠나는 청소년에 대한 교육부 통계 외에 학교를 그만둔 이후 청소년들이 어디에서 무엇을 하는지 알 수 있는 자료가 없었다. 그러나 학교밖청소년지원센터 운영예산은 이미 반영되어 있었고, 학교밖청소년지원센터 지정 수요조사도 진행 중이었다.

나는 199개소의 학교밖청소년지원센터 운영예산에 맞추어 전국 시군구 단위에 센터를 지정해야 했다. 전국 226개 기초지자체에서 운영하는 청소년상담복지센터에 프로젝트 방식으로 운영하도록 했다. 운영모형은 경력단절여성 재취업 지원 기관인 여성새로일하기센터에서 벤치마킹했다. 경력단절여성과 학교밖청소년은 유사한 점이 많다. 그리고 청소년상담복지센터 이외 다른 기관도 지정해서 운영방식을 비교해보기로 했다.

학교밖청소년 지원 대책은 청소년정책연구원, 대학 연구보고서를 참조하고 전문가의 자문 및 지자체 공무원 등의 의견을 수렴한 결과를 바탕으로 마련했다. 그리고 2015년 4월 사회관계장관회의, 5월 국무회의를 거쳐 학교밖청소년 지원 대책을 발표했다.

학교를 떠난 청소년은 다시 학교로 돌아가고 싶어 하지 않았다. 그러나 학업을 포기한 것은 아니다. 따라서 학업을 이어가기를 원하는 학교밖청소년에게 검정고시를 준비할 수 있도록 검정고시 학원비를 지원하고, 취업을 원하는 청소년은 직업상담 후 직업훈련을 통해 일자리와 연결해주었다. 학교폭력 또는 가정폭력의 피해 청소년에게는 정서·심리 상담을 제공했다.

우리나라는 세계에서 가장 낮은 출산율을 기록할 정도로 아동 수가 급격하게 감소하고 있다. 따라서 태어난 아동 누구나 부모의 경제적·사회적 배경과 관계없이 건강하게 성장하고 행복한 삶을 살아갈 수 있도록 국가에서 지원해야 한다. 또한 학교를 그만두었다는 이유만으로 사회에서 배제된 청소년에게는 그들이 존재해야 하는 이유를 말해주는 것이 가장 소중했다.

2015년은 '학교밖청소년'이라는 말조차 낯선 시절이었다. 나는 이들을 위한 지원 대책을 마련했고, 시군구 단위에 학교밖청소년 지원센터를 지정하고 학교밖청소년이 어디에서 무엇을 하는지 실태를 파악하는 일 등으로 그해 상반기가 눈 깜짝할 사이에 지나갔다. 그런 일상 속에서 하나씩 성과가 나타나는 과정을 보면서 느끼는 뿌듯함이 피로감을 밀어냈다. 여성가족부에서 근무하는 동안 제대로 여름휴가를 간 기억이 없을 정도로 늘 핵심과제를 담당했다. 신기하게도 여름휴가철마다 이슈가 터졌고, 사건을 수습하느라 휴가는 늘 뒷전으로 밀려났다. 그래서일까? 그해 상반기에 대책 발표 등을 부지런히 마친 후라서 여름휴가를 갈 수 있으리라 기대하고 있었다. 그리고 7월 27일부터 5일간 가족여행을 계획했다.

7월 22일, 모 방송에서 "가출 청소년이 '가출 팸'을 구성하고 생계비를 마련하기 위해 성매매 등을 하고 있다"고 보도했다. 다음 날, 이 방송을 본 박근혜 대통령은 "학교밖청소년이 길거리를 배회하며 범죄에 연루되지 않도록, 이들을 찾아야 한다"고 지시했다. 나의 여름휴가 계획은 서랍 속으로 밀어 넣을 수밖에 없었다.

한국청소년정책연구원은 학교밖청소년을 약 39만 명으로 추산했다. 그러나 이는 숫자일 뿐 그들의 실제 삶을 보여주는 통계는 아니었다. 정부는 이들이 어떤 어려움을 겪는지 알지 못했고 알려고 하지도 않았다. 생각해보라. 가정폭력, 학교폭력, 경제적 어려움 등 다양한 이유로 학교를 떠난 아이들이 도움을 청하고 싶을 때 도움받을 연결고리가 없다면 그들에게 국가가 존재한다고 할 수 있을까?

나는 그 최소한의 연결고리를 만들어주어야 한다고 생각했다.

방법은 학교를 그만둔 청소년의 정보 연계였다. 청소년이 학교를 떠날 때, 이름과 연락처, 주소 등 기본 정보가 학교밖청소년지원센터와 연계되어 있다면, 그들이 학교를 떠난 후 어려움을 겪을 때 도움을 줄 수 있다. 도움이 필요할 때 기댈 수 있는 연결고리가 있다는 것을 그들이 알도록 하겠다는 것이다. 그러나 연결고리 앞에는 연결을 가로막는 높은 장벽이 서 있었다.

연결을 위한 높은 벽

교육부는 '재학 중인 학생만을 관리하는 부처'라며 책임을 회피했다. 게다가 학교를 떠난 청소년의 기본 정보는「개인정보보호법」을 이유로 여성가족부에 넘겨줄 수 없다고 했다.「개인정보보호법」상 학생이 학교를 떠나기 전에 동의를 받아야 우리 부에 연계할 수 있다. 그러나 학교를 그만두고 떠나는 청소년에게 여성가족부에 개인정보를 공유하는 것을 동의받기는 현실적으로 불가능했다.

따라서 이미 학교를 떠난 청소년의 정보를 우리 부에서 제공받는 방법은 교육청, 경찰청, 법무부, 법원 등 관계 기관의 협조를 받아야 했다. 교육청에서 미취학 아동과 장기 결석 학생을 관리하는 전담기구를 신설하고 학교밖청소년지원센터 상담사를 의무적으로 포함시키도록 했다. 청소년이 학교에 적응하지 못하는 경우 센터 상담사가 초기부터 청소년을 상담하면서 라포를 형성하기 위한 방법이었다. 그리고 교육부에서 학업중단 숙려제 운영기관을 지정할 때 지역 내 학교밖청소년지원센터를 포함하도록 제도화함으로써 학교밖 청소년의 정보가 자연스럽게 연계되도록 했다. 이것은 학교를 떠나기 이전 단계부터 학교밖 청소년 지원 시스템과 연결될 수 있는 기반을 마련했다는 점에서 의미가 있다. 경찰서, 보호관찰소, 소년원, 주민센터 등 학교밖 청소년이 있을 경우 우리 부와 청소년의 정보가 연계될 수 있도록 지역 내 현장과 긴밀하게 연계망을 구축·운영했다. 그러나 지역 내 다양한 기관과 연계망을 구축해도 당사자의 동의 없이는 정보 연계에 한계가 있었다. 따라서 「개인정보보호법」의 한계를 넘기 위해 법을 개정하기로 했다.

2015년, 청소년이 학교를 떠날 때 당사자의 동의 없이 기본 정보를 우리 부에 공유할 수 있도록 「학교 밖 청소년 지원법」 개정안을 마련하고 개인정보보호위원회에 심의를 요청했다. 개인정보보호위원회는 「학교 밖 청소년 지원법」 개정안을 부결했다. 그러나 나는 학교를 떠나는 청소년을 보호하기 위해서 개인정보 연계를 포기할 수 없었다. 개인정보보호위원회를 다시 찾아가 설득하기로 했다.

학교밖 청소년이 법과 제도의 한계로 도움이 필요할 때 도움받을 곳을 몰라서 이용하지 못한다면, 그들을 보호한다는 미명 아래 사회의 무관심 속에서 보이지 않는 아이들로 방치하는 것이다. 도움이 절실한 순간에 청소년들에게 손을 내밀기 위해서는 최소한의 정보라도 제도적으로 공유되어야 정부지원에 대한 정보 접근성이 보장된다고 설명하고 그것이 얼마나 중요한지 강조했다. "도움이 필요한 청소년이 국가의 지원 정보를 전달받지 못해 결국 방치된다면, 그건 단순한 개인정보 침해보다 훨씬 더 심각한 문제가 아닙니까?" 그 진심이 통했을까? 「학교밖청소년지원법」 개정안에 대한 2차 심의에서 의무교육 대상인 초·중학교 재학 청소년은 본인의 동의 없이 정보 연계가 가능하다고 했다. 그리고 2024년 3월, 21대 국회 임기 종료 직전에 고등학교 재학 청소년도 본인 동의 없이 정보가 연계될 수 있도록 개정되었다.

학교 안과 밖의 격차를 줄이기 위한 첫걸음

학교를 떠나는 순간, 청소년은 '학생'이라는 이름과 함께 그동안 당연하게 누리던 교육·복지·보건 등 거의 모든 제도적 보호에서 밀려난다. 그들은 국가에서 무료로 지원받던 건강검진조차 받을 수 없다. 초중고 재학생은 3년 주기로 국가에서 무료 건강검진을 받고 있다. 이 제도는 성장기 청소년의 건강 이상을 조기에 발견하고 관리하기 위한 최소한의 사회적 안전망이다. 그러나 대상이 '재학생'에 한정되어 학교를 떠난 순간 청소년은 동일한 연령대인데도 이러한 공적 보호 체계에서 자동으로 배제된다. 따라서 학교밖청소년은 국가에서 제공하는 무료 건강검진 대상에도 포함되지 않고 학교를 떠나면 세상에 존재하지 않는 사람처럼 취급되었다.

2015년 3월, 김희정 장관은 민간기업 사회공헌기금을 이용하여 학교밖청소년에게 건강검진을 시행할 수 있는 방안을 검토하라고 했다. 당시 학교밖청소년 건강검진 예산이 반영되지 않아 기업의 사회공헌기금을 활용하는 방안으로 검토하라고 지시한 것이다. 그러나 청소년의 건강검진은 일회성 행사가 아니라 주기적으로 지속되어야 하는 공적 책임의 영역이다. 따라서 민간기업의 사회공헌기금으로 이벤트처럼 시행하는 것은 해법이 될 수 없으며 민간기업의 사회공헌기금을 정부에서 임의로 요청해 사용할 수 있는 재원이 아니다. 학교밖청소년 건강검진은 일시적 보완책이 아니라 국가 정책과 예산 체계 안에서 안정적으로 설계되어야 할 과제다.

그러나 학교밖청소년이 어디에서 무엇을 하는지 알 수도 없었고, 건강검진 업무를 부에서 수행해본 경험도 없어서 학교밖청소년 건강검진 제도를 어디서부터 어떻게 시작해야 할지 난감했다.

먼저 초중고 재학생 건강검진 제도를 살펴보기로 했다. 건강검진 항목을 설계한 전문가에게 자문을 구하고 우리나라 국민의 건강검진 업무를 총괄하는 국민건강보험공단을 찾아갔다. 국민건강보험공단 어느 부서, 누구와 의논해야 하는지도 모른 채였다. 국민건강보험공단 안내데스크에서 학교밖청소년 건강검진을 추진해야 해 협의하려고 왔다고 했다.

국민건강보험공단 안내데크스 관계자는 건강검진 시스템 전문가를 연결해주었다. 그때 연결된 전문가는 학교밖청소년의 건강검진 시스템 설계부터 예산편성까지 지원해주었다. 당시 청소년 전문가인 정효진 전문위원과 국민건강보험공단 관계자들 덕분에 가보지 않았던 새로운 길을 만들어나갈 수 있었다. 그때 함께해주신 분들에게 감사드린다. 학교밖청소년의 건강검진 시스템 구축은 지금까지 내가 수행해온 신설 업무와 많이 달랐다. 의료라는 전문성, 복지라는 정책 영역, 그리고 공공책임이라는 철학이 동시에 요구되었다.

당시 초중고 재학생 건강검진은 국민건강보험공단의 건강관리 시스템에 포함되지 않았다. 각급 학교장이 개별 의료기관을 지정하고 학생들은 지정된 병원에서 개별적으로 건강검진을 받고 건강검진 결과는 종이 문서로 학생에게 배포되었다. 따라서 초중고 재학생들이 3년마다 정기적으로 건강검진를 실시하고 있으나 건강검진 결과는 국민건강보험공단의 생애주기별 건강관리 데이터에 기록되지 않았다.

나는 이러한 단점을 보완하여 학교밖청소년 건강검진을 처음부터 국민건강보험공단의 생애주기별 건강관리 데이터에 포함하여 추진하기로 했다. 전국 어디에서나 온라인으로 건강검진을 신청하고, 건강검진 결과가 국민건강보험공단의 생애주기별 건강관리 시스템에 연계되도록 설계했다. 국민건강보험공단 전문가의 자문을 받으면서 학교밖청소년의 건강검진 예산을 편성하고 2016년도 건강검진 예산 10억 원을 확보했다. 2015년 하반기에는 국립중앙의료원에서 학교밖청소년 건강검진 시범운영을 거쳐 건강검진 항목을 개발하고, 전국 530개 건강검진 병의원 지정, 온라인 신청 체계까지 학교밖청소년의 건강검진 시스템을 준비했다.

2016년 처음으로 학교밖청소년 건강검진이 시작되었다. 전국 199개소의 학교밖청소년지원센터를 통해 건강검진 안내문을 배포하고, TV 자막과 옥외 무료 전광판을 이용하여 학교밖청소년 건강검진 안내문을 전달했다. 그러나 건강검진 안내문이 학교밖청소년에게 전달되는지는 알 수 없었다.

당시 학교밖청소년이 우리 부와 직접적으로 연결되는 정보망은 존재하지 않았다. 건강검진은 안내문을 받은 학교밖청소년이 자발적으로 신청하고 병원을 찾아가 받아야 하는 구조다. 따라서 10억 원의 예산이 모두 소진될지 부족할지 남을지 예측할 수 없는 상태에서 학교밖청소년 건강검진이 시행되었다. 이러한 구조적 한계로 학교밖청소년 건강검진이 처음 시행된 해의 건강검진 참여 비율은 기대에 훨씬 못 미쳤고 결과적으로 당초 예상의 절반에도 이르지 못했다.

이후에도 학교밖청소년의 건강검진 참여율은 예산보다 적게 시행됨에 따라 국회 결산심의 때마다 "학교밖청소년의 건강검진 참여 실적이 낮다"는 지적이 반복되었다. 그러나 나는 이 문제를 국회에서 단순히 실적 관점에서만 바라보지 않기를 바란다.

학교밖청소년이 건강검진에 참여하는 비율은 높지 않지만 그보다 학교를 떠났다는 이유로 국가에서 실시하는 무료 건강검진 대상에서 배제되지 않도록 제도적으로 시스템을 구축했다는 데 더 큰 의미가 있다고 생각한다. 그리고 학교밖청소년 건강검진 사업은 부처 예산이 아니라 국민건강보험공단의 예산으로 통합하여 운영하는 것을 제안한다.

2024년 교육부에서 초중고 재학생의 건강검진을 국민건강보험공단에 위탁해 실시하는 방안을 시범운영하겠다고 발표했다. 이에 따라 초중고 재학생의 건강검진 시스템이 2015년 처음 도입된 '학교밖청소년 건강검진 시스템'과 함께 이제야 국민건강보험공단의 시스템으로 포함되는구나 싶어 기뻤다. 학교 안과 밖, 그 틈을 줄이는 것은 작은 일에서 시작된다. 그때 시작한 작은 시스템이 학교밖청소년의 건강을 지켜주는 버팀목이 되어주고 나아가 모든 청소년의 건강관리 시스템을 구축하는 첫걸음이 되었다고 생각하니 뿌듯했다.

학교밖청소년의 건강을 지켜주는 버팀목

2016년 3월 24일, 국가정책 조정회의에서 '결핵 안심국가 실행 계획'을 논의했다. 당시 우리나라는 OECD 국가 중 결핵 발병률 1위, 결핵 사망률 3위였다. 한국의 결핵 발생률과 사망률이 매우 높은 순위를 기록하자 더는 뒤처질 수 없다며 내놓은 대책이었다. 그 대책의 핵심은 '잠복결핵 조기발견'이다. 결핵균이 체내에 숨어 있다가 면역이 약해지면 활동성으로 변하여 발병하는 고질병으로, 인류 역사상 가장 많은 생명을 앗아간 감염병이다. 한국은 한때 10만 명당 100명 이상의 발병률을 기록했다.

이번 대책은 이러한 결핵을 '잠복 단계'에서 발견하여 치료하겠다는 것이었다. 이를 위해 보건복지부는 청소년 감염률이 높아지기 시작하는 고등학교 1학년생과 면역력이 약해지는 만 40세 국민을 잠복결핵 검진대상으로 하겠다고 했다. 정부는 '결핵 안심국가'를 만들겠다며 잠복결핵 단계부터 관리하겠다고 선언했지만, 정책 대상을 학교에 '재학 중인 학생'으로 한정했다.

국가정책 조정회의에서 강은희 장관은 잠복결핵 검진대상에서 학교밖청소년이 제외되었다는 사실을 발견하고 부로 돌아오자마자 나를 불렀다. 그리고 고등학교 1학년생과 동일한 연령대에 해당하는 학교밖청소년도 잠복결핵 검진대상에 포함할 수 있는 방안을 검토하라고 지시했다.

우리 부는 2014년에 「학교밖청소년지원법」을 제정했고, 2015년에 학교밖청소년지원과를 신설했으며, 2016년부터 학교밖청소년 건강검진을 시작했다. 그러나 보건복지부는 결핵안심 국가 실행계획을 수립하는 과정에서 우리 부와 사전에 협의도 하지 않았고, 정책 대상에 학교밖청소년을 포함하지도 않았다.

장관의 지시를 받고 복지부에 전화를 했다. 그러나 "2016년 잠복결핵 검진대상은 이미 확정되어 추가는 불가능하다"는 답이 돌아왔다. 그렇다고 물러날 수는 없었다. 학교밖청소년은 분명 존재하기 때문이다. 그날 이후, 나는 어디로 가서 누구를 만나야 이 아이들을 다시 세상에 존재하게 만들 수 있는지 머릿속에 지도를 그리기 시작했다. 그리고 그날부터 발걸음을 부지런히 옮겼다.

처음 찾은 곳은 서울 마포구에서 강원도 원주시로 이전한 국민건강보험공단이었다. 1년 전, 학교밖청소년 건강검진 시스템을 구축하면서 국민건건강보험공단이 상당한 기금을 보유하고 있다는 사실이 생각나서 찾아갔다. 그러나 국민건강보험공단의 기금은 국회와 이사회 의결 사안으로 사용하기 쉽지 않았다.

다음은 세종시로 내려가 기획재정부를 찾았다. 2016년도에 배정된 학교밖청소년 건강검진 예산 10억 원을 잠복결핵 검진에 활용할 수 있도록 협의하기 위해서였다. 그러나 기획재정부 관계자는 이미 확정된 예산의 사용 목적을 변경할 수 없다며 거절했다. 학교밖청소년 건강검진 예산심의 시 잠복결핵 검진 내용이 없었다는 것이 이유였다. 나는 거듭 설득했으나 기획재정부는 강경했다. 기획재정부의 강경한 입장을 무시하고 집행하고 싶었으나 이후 우리 부 예산 전체에 부담이 될 수도 있어 버티지 못하고 물러났다.

나는 발길을 돌려 보건복지부로 갔다. 복지부는 학교밖청소년의 잠복결핵 검진의 필요성은 충분히 공감하지만, 2016년도 예산은 복지부 소관이 아니라 질병관리본부 소관이라며 공을 넘겼다. 나는 주저하지 않고 세종시에서 오송읍으로 향했다.

질병관리본부 관계자는 학교밖청소년에 대한 잠복결핵 검진의 필요성에 충분히 공감하면서 "2016년도 잠복결핵 검진 예산이 일부 남을 가능성이 있어 학교밖청소년을 포함하는 방향으로 검토해보겠다"고 했다. 그리고 한 달 뒤, 질병관리본부로부터 2016년 잠복결핵 검진대상에 학교밖청소년을 포함하기로 결정했다는 연락을 받았다.

그 결과, 2016년 고등학교 1학년생과 동일한 연령대의 학교밖청소년도 잠복결핵 검진을 받을 수 있게 되었다. 잠복결핵 검진으로 감염이 확인되면 국가에서 무상으로 결핵 치료제도 제공해주기로 했다. 참고로 잠복결핵을 치료하면 결핵 발병을 90% 이상 예방할 수 있다.

당시 나는 아주 작은 일을 했다. 그러나 강원도 원주시에서 세종시를 거쳐 오송읍까지 찾아다니면서 설득한 그 작은 일이 학교밖청소년을 정부 정책의 대상에서 소외되지 않도록 했다. 이 사례를 통해 공무원이 어떻게 문제를 인식하고 어떻게 움직이느냐에 따라 국민이 실제로 받는 서비스가 달라진다는 것을 깨달았다.

학생은 아니어도 청소년이다

신분증이 없다는 것은 사회에서 자신의 존재를 증명할 수 없다는 의미가 된다. 학교밖청소년은 이러한 현실이 낯설지 않다. 학교에 다니는 청소년은 학생증이 있다. 학생증 하나로 놀이공원, 영화관, 대중교통 등 다양한 곳에서 청소년 할인 혜택을 받는다. 그러나 학교를 그만둔 청소년은 이런 '작은 당연함'조차 누리지 못한다.

2003년, 한 청소년이 "학교에 다니지 않아도 청소년으로서 마땅히 누려야 할 혜택을 받아야 한다"라며 국가인권위원회에 진정을 제기했다. 박호언 청소년의 목소리는 방송 보도를 통해 사회적으로 공론화되었고, 국가인권위원회는 학교밖청소년이 사회에서 차별받지 않도록 필요한 조치를 하라고 문화관광부에 권고했다. 이에 문화관광부는 학교밖청소년이 차별받지 않도록 청소년증을 도입하기 위한 시범사업을 시작했다. 그리고 2004년 초중고 재학 여부와 관계없이 청소년은 누구나 청소년증을 발급받을 수 있도록 전국으로 확대되었다.

청소년증은 주민등록번호가 기재된 공적 신분증으로 검정고시 응시, 금융거래, 대학수학능력시험, 투표소 출입 등에서 미성년인 청소년의 신분을 증명하는 유일한 수단이다. 문제는 신분증이 있다는 것만으로 활용되지 못한다는 사실이다. 초중고생은 학생증이 있으니 청소년증을 신청하지 않았고, 학교밖청소년은 청소년증을 신분증으로 제시하는 순간 '아, 저 아이는 학교를 그만두었구나'라는 낙인이 찍힐까 봐 활용하지 못했다. 학교밖청소년은 신분증을 발급받는 일조차 사회의 편견과 마주할 용기가 필요했다. 그러다 보니 청소년증 발급은 연간 4~5만 건 수준에 머물렀다.

그렇다면 청소년증을 청소년이면 누구나 갖고 싶어 하는 신분증으로 만들자! 그 방법은 청소년증에 청소년이 좋아할 기능을 추가하는 것이다. 청소년이 버스나 지하철을 탈 때 교통카드를 별도로 들고 다니지 않고 청소년증에 교통카드 기능을 탑재해 활용하도록 하는 것이다. 그런데 교통카드 기능을 추가하면 청소년증 제작비용이 올라갔다. 주민등록증, 청소년증을 제작하는 한국조폐공사는 교통카드 기능을 탑재하면 1매당 3,000원의 추가비용이 발생한다고 했다. 청소년증 제작비용을 부담하는 전국 지방자치단체는 추가비용 부담을 이유로 교통카드 기능 탑재를 반대했다.

청소년증에 교통카드 기능을 추가하되 제작비용은 기존 수준을 유지하는 방안을 마련하기 위해 한국조폐공사와 협의했다. 조폐공사는 청소년증 발급 건수가 연간 10만 건 이상이면 제작단가를 인상하지 않고도 교통카드 기능을 포함해 제작할 수 있다고 했다. 이에 연간 청소년증 10만 건 발급이 목표가 되었고, 나는 연 10만 건 이상으로 확대하겠다고 조폐공사에 약속했다. 그리고 제작단가는 종전 수준으로 유지하기로 합의했다.

우리 부는 한국조폐공사와 업무협약을 체결하고, 2017년부터 교통카드 기능이 탑재된 청소년증 발급을 시작했다. 그리고 교육청과 학교, 지방자치단체에 청소년증 발급을 적극 권장했다.

교통카드 기능이 도입되기 전인 2016년 청소년증 발급 건수가 11만 건에 불과했으나 2017년 18만 건으로 큰 폭으로 증가했다. 이후에도 매년 10만 건 이상 발급되고 있다. 이제 청소년증은 '학교밖청소년'만을 위한 신분증이 아니라 청소년이라면 누구나 이용할 수 있는 보편적 신분증으로 자리 잡고 있다.

신발 깔창으로 대신한 생리대

2016년 5월 26일, "생리대 살 돈이 없어 신발 깔창으로 버틴다"는 한 언론사의 보도는 한국 사회에 깊은 충격을 주었다. 생리대를 구입할 돈이 없는 저소득층 여성 청소년들이 신발 깔창이나 휴지로 생리대를 대신한다는 사실은 단순한 개인의 곤궁함이 아니라 국가 돌봄 시스템의 공백이 빚어낸 참담한 결과를 보여준 사건이었다.

보도 이후, 사회적 파장은 거셌다. 국회는 정부에 즉각적인 대책 마련을 요구했다. 그 과정에서 여성 청소년의 생리대 지원 업무를 어느 부처에서 담당할지부터 쟁점이 되었다. 보건복지부는 18세 이하 아동, 교육부는 초중고생, 여성가족부는 24세 이하 청소년을 각각 담당하고 있으나 어느 부처도 선뜻 저소득층 여성 청소년에게 생리대를 지원하는 업무를 맡겠다고 나서지 않았다.

국회에서는 추경을 편성하여 생리대를 신속히 지급해야 한다고 했다. 그리고 전국에서 생리대를 지급하기 위한 전달체계는 보건소를 통하는 것이 현실적으로 가능하다고 판단하고 2016년 하반기 추경을 통해 3개월 분량의 예산을 보건복지부에 편성하고 의결했다. 2016년 10월부터 3개월 동안 전국 보건소에서 생리대를 지원하기로 했다. 그러나 생리대를 받으러 보건소에 가는 것 자체가 '빈곤한 자신'을 드러내는 일이기에 저소득층 여성 청소년은 생리대를 지급받으러 오지 않았다. 교육부도 학교 양호실에서 생리대를 지원할 경우 학생에게 '낙인 효과'를 줄 수 있고 양호교사의 업무 부담이 가중된다고 난색을 표했다.

우리 부는 2016년 6월 15일 신세계 이마트와 업무협약을 체결하고 전국 학교밖청소년지원센터에서 무료로 생리대를 지원했다. 신세계 이마트는 저소득층 여성 청소년을 위해 매년 100만 패드씩 3년간 생리대를 후원하겠다고 했다. 유한킴벌리, 농협 등 기업에서 한부모 복지시설 등 취약계층 여성 청소년 등을 위한 생리대를 지원했다.

2017년 복지부와 교육부는 여성 청소년 생리대 지급 업무를 담당하기 어렵다는 입장을 유지했고, 나는 우리 부에서 담당하겠다고 한 뒤 이를 위한 예산을 편성해 기획재정부에 제출했다. 생리대 지원 과정에서 나타나는 사회적 낙인 효과를 없애기 위한 방안도 검토했다. 하나는 미성년 전체 여성 청소년이고, 다른 하나는 저소득층 여성 청소년이 바우처를 통해 직접 생리대를 구입하는 시스템 구축 방안이었다.

그러나 우리 부에서 제출한 저소득층 여성 청소년 생리대 지원 예산안은 기획재정부에서 환영받지 못했다. 복지부와 교육부가 아니라 여성가족부에서 담당하겠다고 나선 것을 못마땅하게 생각한 기획재정부는 저소득층 여성 청소년 생리대 지급 업무가 신설이라는 이유로 '예비타당성조사' 대상으로 결정했다. 2017년 예산에는 담기지 못한 것이다. 그리고 2017년 예비타당성조사를 통과하고 2018년에야 26억 원 규모의 예산이 편성되었다. 결국 연간 26억 원 규모의 사업예산이 기획재정부의 예비타당성조사라는 형식적 절차로 저소득층 여성 청소년 생리대 지급은 1년 늦추어졌다.

만약 여성 청소년 생리대 지원 업무를 우리 부에서 맡겠다고 나서지 않았다면 예비타당성조사 대상이 되었을까? 그리고 2017년에 예산이 편성되었을까?

22년간 여성가족부에서 수많은 정책을 수립하고 예산을 확보하는 과정에서 기획재정부의 예산심의라는 벽에 부딪혀 당초 수립한 정책 목적과 시행 효과가 종종 왜곡되었다. 기획재정부에서 '재정 절감'이라는 논거로 부처의 사업예산을 일방적으로 삭감하거나 조정하는 과정에서 정책의 본질은 훼손되었고 그 책임은 부처에서 떠안아야 했다.

기획재정부가 매년 설정해 내려보내는 예산 한도는 본래의 목적에 맞게 각 부처에 재량권을 부여하고 재정 효율성뿐 아니라 정책의 목적과 정책 시행 후 효과까지 종합적으로 고려할 수 있도록 예산심의 과정이 개선되어야 한다.

3장

공직의
시작과 끝

늘 처음이었다

전산통계학과 제1기 입학생

내가 대학에 입학한 1983년도는 지금의 AI처럼 '컴퓨터'가 우리의 일상생활을 얼마나 바꿔놓을지 예측하기 힘든 미지의 학문이었다. 그 시기 대부분의 대학에서는 컴퓨터 관련 학과를 신설했고 서울시립대학교도 '전산통계학과'를 신설했다.

나는 '처음'이라는 단어와 인연이 많다. 서울시립대학교에 처음 진학한 정읍여자고등학교 졸업생이고, 전산통계학과 제1기 입학생이다. 컴퓨터 전공자로서 서울시에서 시비市費장학생으로 선발한 첫 학생이며, 서울시에서 일반 행정직 7급 공무원으로 처음 특별 채용된 사람이다.

아버지가 돌아가신 후 홀로 일곱 남매를 키우던 어머니는 경제적으로 매우 힘들었다. 그래서 어머니에게 대학에 진학하겠다는 이야기를 꺼낼 수가 없었다. 대학 등록금과 생활비를 부담할 수 없으리라는 것을 잘 알면서도 우수한 성적을 받으면 어머니에게 달려가 자랑을 했다. 그러나 어머니는 딸의 성적표를 보고 칭찬 한마디 건네지 못했다. 어머니는 내가 대학에 가겠다고 말할까 봐 겁이 났다고 했다.

나는 대학 입학원서를 작성할 당시 무슨 학문인지도 모르면서 대학 졸업 후 취업이 잘 된다는 이유만으로 컴퓨터 관련 학과를 선택했다. 그리고 등록금이 저렴하고 장학금이 많다는 이유만으로 서울시립대학교를 선택했다. 서울시립대학교에 입학원서를 접수하려고 서울행 기차를 타고 서울역에서 택시를 타고 큰오빠 집으로 향했다. 택시 기사는 내게 어디서 왔느냐고 물었고 나는 정읍에서 대학 입학원서를 접수하기 위해 왔다고 답했다. 그는 처음 서울에 온 내게 서울 이야기를 신나게 들려주었다. 그리고 "대학 가서 열심히 공부하고 나중에 나랏일을 하라"고 응원해 주었다. 서울시립대학교에 입학한 후 오리엔테이션에서 만난 남학생들이 쏟아내는 컴퓨터 용어가 너무 낯설어 위축되었던 기억이 지금도 생생하다.

대학 입학 후 지도교수는 서울시에서 컴퓨터 전공자를 대상으로 대학 졸업 후 특별 채용하는 '시비장학생' 제도를 시행한다고 내게 알려주었다. 그리고 "여자는 선생님이나 공무원이 최고다"

라며 시비장학생에 지원하라고 권유했다. 전북대학교 사범대 수학과에 진학하라고 권유하던 담임선생님의 말을 뒤로하고 원대한 꿈을 안고 서울로 왔는데, 또다시 어른들의 편견과 마주하게 되자 씁쓸했다. 지도교수는 그런 내 생각을 읽었는지 "공무원이 되고 싶지 않으면 졸업 후 장학금을 갚고 대기업 등에 취업하면 된다"고 했다. 당시 대학 등록금과 생활비를 마련하기 어려웠던 나는 지도교수의 조언이 고마웠다. 그렇게 나는 시비장학생으로 선발되어 대학생활 동안 등록금과 생활비를 지원받으면서 안정적으로 학업을 이어갔다.

1987년 3월, 대학 졸업 후 서울시청 인사과에서 전화가 왔다. 공무원 특별임용 채용절차를 안내하겠으니 방문하라고 했다. 나는 지하철 1호선을 타고 용산역에서 시청역으로 향했다. 시청역 1번 출구로 나와 지금은 사라진 육중한 검은 문 앞에 섰다. 경비원의 안내를 받아 인사과로 올라갔다. 사무실에는 흰 와이셔츠 차림의 남자 공무원들이 책상을 마주하고 앉아 있었다. 입구 근처 여직원에게 담당자 이름을 전했고, 곧 담당자가 나를 맞았다. 그는 미소를 지으며 "어느 부서에서 일하고 싶은가요?"라고 물었다. 당시 나는 공무원이 무슨 일을 하는지 몰랐다. 다만 컴퓨터를 전공했고, 서울시가 그 전공자를 채용하기 위해 장학생 제도를 만든 만큼 컴퓨터 관련 부서에서 일하는 게 당연하다고 생각했다. 그래서 나는 "제가 필요한 서울시 부서에서 일하면 되지 않을까요?”라고 답했다.

며칠 후, 인사과에서 다시 전화가 왔다. 서울시 특별채용 요건 중 ‘한글 타자 3급 이상 자격증’이 필요하다고 했다. 처음 듣는 이야기였다. 시비장학생 선발 당시에도, 장학생으로 선발되어 대학 등록금과 매월 생활비를 지원받는 과정에서도 한글 타자 자격증이 있어야 서울시 공무원으로 채용된다고 말해주지 않았다. 그러나 서울시청 인사과는 “한글 타자 자격증을 취득해 오기 전까지는 공무원 특별임용 채용절차를 진행할 수 없다”고 했다. 우수한 컴퓨터 전공자를 공무원으로 채용하려고 서울시에서 시비장학생 제도를 도입했는데, 공무원 특별채용 후 무용지물인 한글 타자 자격증이 특별채용 요건이라는 것이다. 이 얼마나 모순적인 발상이란 말인가. 그러나 다른 방법이 없었다. 그래서 한글타자 학원에 등록한 뒤, 낮에는 생계비를 벌기 위해 컴퓨터 학원에서 아르바이트를 하고, 밤에는 자격증을 취득하기 위해 한글 타자를 배웠다. 얼마 후 한글 타자 3급 자격증을 취득하고 1988년 6월 1일 서울시 7급 행정직 공무원으로 특별채용되었다. 그렇게 공직 생활이 시작되었다.

서울시는 시비장학생 제도를 시행했지만 공무원 특별채용 임용절차는 그 목적에 맞게 준비하지 못했다. 그 결과 나는 컴퓨터를 전공하고도 전산직이 아니리 일반 행정직으로 임용되었고, 무용지물의 한글 타자 자격증을 취득하기 위해 1년이라는 시간을 낭비했다. 게다가 예상한 대로 서울시 공무원으로 입사한 이후 한글 타자 자격증을 활용해본 적이 한 번도 없었다.

88서울올림픽 파견에서 시작된 공직의 길

서울시 입사 후에도 공직생활 내내 '처음'이라는 단어는 이상하리만치 나와 함께했다.

동대문운동장은 나에게 단순한 운동장이 아니었다. 그곳은 인생에서 국제무대를 처음 경험한 곳이고 행정 실무자로 마주한 첫 실전 수업 현장이었다.

동대문운동장은 고교야구대회, 전국체전, 프로야구 경기 등이 열리던 한국 스포츠의 중심지였다. 그러나 1988년 서울올림픽을 앞두고 잠실종합운동장이 건설되자 스포츠 중심 무대는 잠실로 옮겨갔고, 이후 동대문운동장은 2008년 철거되기 전까지 80년 동안 야구를 사랑하는 대한민국 국민과 함께 웃고 울었고, 수많은 국민의 추억과 열정을 품은 상징적인 공간으로 남았다.

1988년 6월 1일 서울시 전자계산소로 첫 발령을 받은 나는 88서울올림픽 준비를 위해 동대문운동으로 파견되었다. 당시 동대문운동장에서는 축구 준결승과 야구 시범경기가 열렸다. 나는 야구장과 축구장의 전광판 운영 프로그램을 관리하는 업무를 맡았다. 물론 지금처럼 화려하고 복잡한 전광판 시스템은 아니었고 매우 단순한 컴퓨터 프로그래밍으로 작동하는 초기 형태였다. 프로그램 개발에 사용된 언어는 베이식BASIC이었고 기능도 단순했다. 예를 들어 타자가 홈런을 치면 전광판에 야구방망이가 공을 날리는 간단한 그림이 뜨는 정도였다.

스포츠 관람을 좋아하지 않는 나에게 경기장 한쪽에서 전광판 오류를 점검하며 경기를 바라보는 일은 홍미롭거나 설레지 않았다. 반면에 뜨거운 햇볕 아래에서 한순간도 자리를 떠나지 않고 응원하는 관중의 열정과 함성은 경이로웠다. 그들은 나와 아주 달라 보였다.

88서울올림픽에서 야구가 올림픽 종목으로 시범운영되었다. 야구 경기를 가까이에서 볼 수 있었는데, 선동열 선수를 비롯해 이름만 들어도 알 수 있는 유명 선수들이 야구장을 누볐다. 선수들은 더위를 식히기 위해 전광판 관리실인 나의 작은 사무실에 들르기도 했다. 에어컨이 있던 그 방은 선수들에게 잠깐의 쉼터였다. 그들은 고마움의 표시로 사인 야구공을 건네주기도 했다. 지금은 은퇴하거나 감독이 된 그들이 땀에 젖은 얼굴로 멋쩍게 웃으며 문을 열고 들어오던 모습이 아직도 눈에 선하다. 그때 그들과 나눈 짧은 대화는 지금도 기억 속에 따뜻한 여운으로 남아 있다.

축구 경기가 끝나는 날, 전광판이 오류 없이 잘 작동한 것에 대한 보상으로 올림픽경기장에서 시용된 축구공을 기념품으로 받았다. 세계인의 축제에서 내가 맡은 일은 작고 눈에 띄지 않았지만, 그 작은 몫을 묵묵히 잘 해냈다는 사실, 그리고 그 자리에 있었다는 것만으로도 가슴 벅차게 자랑스러웠다.

이 경험은 내 공직 인생의 시작점에서 '행정의 본질은 현장에 있다'는 진리를 몸으로 깨닫게 해주었다. 화려한 조명 뒤에서 묵묵히 시스템을 관리하고, 누군가의 눈에는 사소하게 보일지라도 그 일이 성공을 떠받치는 중요한 역할임을 배웠다. 그때의 나는 젊었고 '공직이란 무엇인가'를 깊이 알지 못했지만 동대문운동장에서의 뜨거운 열기는 내게 커다란 메시지를 남겼다.

"공직자는 스포트라이트보다 시스템을 믿고, 자신의 이름보다 결과로 말해야 한다."

그 깨달음은 35년의 공직생활 내내 나의 좌표가 되어주었다.

첫 도전, 길이 되다

법무심사를 맡은 최초의 여성 공직자

1990년대 초, 우리나라 공직사회는 여성에게 높은 장벽이 있었다. 당시 공직사회는 남녀의 역할이 묵시적으로 정해져 있어 여성 공무원이 맡을 수 있는 업무는 극히 제한적이었다. 지금의 행정복지센터인 동사무소에서 주민등록 등·초본을 발급하거나, 구청과 시청 민원담당관실에서 대민 업무를 수행하는 정도가 여성 공무원이 맡을 수 있는 일반적인 업무였다. 정책을 기획하거나 조례를 심사하고 예산을 편성하는 기획관리실의 핵심 부서는 여성 공무원에게 사실상 성역이었다.

1988년 9월, 88서울올림픽 파견 근무를 마치고 서울시 전자계산소로 복귀했다. 낭시 서울시 전자계산소는 유니벡UNIVAC 대형 컴퓨터를 활용해 코볼COBOL 언어로 서울시 공무원의 월급 등 행정 업무를 주로 운영하고 있었다. 그리고 개인용 컴퓨터(PC)가 막 보급되기 시작한 시기였고 서울시청 각 부서에는 문서를 타자로 작성해주는 여직원이 한 명씩 근무했다. 한 부서의 직원이 평균 30명이었으니 직원들이 기안문이나 보고서를 한글 타자기로 작성하려면 그만큼 오래 기다려야 했다.

서울시 전자계산소로 복귀한 후 내가 처음 맡은 프로그램 개발 업무는 서울시 도시계획 데이터베이스(DB) 구축이었다. 그리고 두 번째 프로그램 개발업무는 서울시청 민원담당관실에서 의뢰한 민원등록대장 관리 프로그램의 보수였다. 이 프로그램은 납품된 후 처음부터 오류가 있어 제대로 작농하지 못했다고 했다. 무엇보다 더 큰 문제는 프로그램 개발자가 프로그램 구조를 문서화하지 않아서 오류를 찾는 시간이 지나치게 오래 걸린다는 점이었다. 나는 프로그램을 분석하고 오류를 찾고 보수하는 것보다 새로 개발하는 것이 더 효율적이라고 판단했다. 그리고 민원담당관실에 연락하여 프로그램을 새로 개발해서 납품하겠다고 제안했다. 두 달 뒤, 민원등록관리대장 관리 프로그램을 납품했고, 민원담당관실은 크게 만족했다. 그 후 민원담당관실은 전자계산소 소장에게 나를 서울시청 민원담당관실로 보내달라고 요청했다. 소장은 나를 불러 민원담당관실의 전입 요청을 전달하면서 의견을 물었다. 나는 "제가 필요한 부서가 있다면 어디든 그 요청에 따르겠습니다"라고 했다. 소장은 그렇다면 "민원담당관실보다 법무담당관실에서 근무해보는 것이 좋겠다"고 권유했다. 그리고 "행정직 공무원은 법률 지식이 탄탄해야 역량 있는 행정공무원이 되니 법무담당관실에서 법무행정의 기초를 다지는 것부터 하라"고했다.

그러나 법무담당관은 여성 공무원이 법무심사를 맡은 선례가 없다면서 법무담당관실 전입에 반대했다. 소장은 선례가 없다고 언제까지 여성 공무원이 법무심사 업무를 담당할 수 없다고 할 거냐면서 "앞으로 여성 공무원도 다양한 업무를 경험하는 기회가 주어지고 역량을 키워나갈 수 있도록 해야 한다"고 했다.

1991년 2월, 전자계산소 소장의 지원 덕분에 서울시청 법무담당관실에 입성했다. 서울시 여성 공무원으로는 처음 법무심사 업무를 맡게 된 순간이었다. "공직자는 행정업무의 기초를 탄탄하게 쌓고, 다양하게 행정업무를 경험하면서 역량을 키워야 한다"는 소장의 말을 공직생활 내내 마음에 새겼다.

법무심사 업무는 매우 낯설고 어려웠다. 대학에서 행정학과 법학을 전공하지 않았고 컴퓨터를 전공한 이과 출신에 일반행정 공무원 시험도 준비하지 않은 특별채용 공직자라 법률지식을 비롯해 일반행정 공무원이 갖추어야 할 것이 많이 부족했다. 그래서 『대한민국 법령집』 50권이 진열된 창고에서 법령집을 틈틈이 한 권씩 읽어나갔다. 그 덕분에 조금씩 법률지식을 쌓아나갈 수 있었다. 법무담당관실에서의 법무심사 업무는 공직 업무 수행을 넘어 행정직 공무원으로 기초를 다지는 소중한 배움의 시간이었다. 그리고 여성 공무원으로 도전한 법무담당관실은 내 성장의 발판이자 다른 여성 공직자에게 길을 열어주는 이정표가 되었다.

성수대교 붕괴 이후 시행된 자동차 10부제

1994년 10월 21일 오전 7시 38분, 서울 성동구 성수동과 강남구 압구정동을 잇는 성수대교 상판 일부가 한강으로 추락했다. 출근길 시민이 가득 탄 시내버스와 차량이 강물로 떨어졌다. 이 참사로 32명이 숨지고 17명이 중상을 입었다. 성수대교에서 붕괴된 구간은 제10번과 제11번 교각 사이, 약 48미터의 상판이었다. 무너진 교각 위를 시내버스 한 대, 승합차 한 대, 승용차 네 대가 지나고 있었다. 가장 참혹한 피해는 붕괴 직전 교각 위에 멈춰 있던 16번 시내버스에서 발생했다. 안타깝게도 무학여중·고에 다니던 학생 9명이 등교 중 이 버스에 타고 있었고, 그들은 다시는 집으로 돌아오지 못했다.

검찰 수사 결과는 암담했다. 시공사인 동아건설의 부실 시공, 서울시의 안전관리 소홀, 정밀 점검 미비 등 총체적 부실이 드러났다. 성수대교는 1979년 개통 이후 한 번도 정밀 안전 진단을 받은 적이 없었고, 사고 두 달 전 발견된 균열조차 방치되었다. 누가 봐도 예고된 인재人災였다. 게다가 사고 전날 밤, 성수대교 상판의 이음매가 철판으로 덮인 채 방치되었다는 시민 제보가 있었다. 사고 당일 새벽에도 이음매 이상으로 충격을 느낀 시민이 서울시에 신고했지만, 서울시는 교량 진입을 통제하지 않았다. 그렇게 무너진 다리는, 단지 구조물 하나가 아니라 신뢰와 안전, 그리고 행정 책임 그 자체였다. 이 사고로 서울시장과 국무총리가 잇따라 사퇴했고, 관련자 17명이 기소되었지만 실형을 선고받은 사람은 3명뿐이었다. 이후 서울시는 1995년 4월 성수대교를 전면 해체하고 재건에 들어갔다. 그리고 1997년 7월 3일 왕복 8차선의 새로운 성수대교가 완공되었다.

사고 당시 나는 교통기획과로 전보를 앞두고 있었다. 법무담당관실에서 행정의 기초를 다진 나에게 검정고시 출신으로 강직하고 유능한 선배 공직자가 조언해주었다. "사업 부서와 정책기획 부서에 교차로 근무하면서 행정 경험이 쌓이면 역량이 커진다." 그 조언을 마음에 새기고 여성이 한 번도 진출하지 않았던 교통기획과로 또다시 도전장을 내밀었다. 교통기획과는 직원 35명 전원이 남성이었고, 여성 공무원의 전입은 전례가 없었다. 교통기획과의 첫 여성 공무원이 되기 위해 면접까지 거쳐야 했다.

교통기획과 첫 출근 날, 사무실 풍경은 충격적이었다. 책상마다 재떨이기 놓여 있었고, 담배 연기가 자욱해 직원들의 얼굴조차 보이지 않을 만큼 뿌옜다. 전화기마다 고성과 욕설이 오갔고,

민원인의 전화를 받다 화가 난 직원이 수화기를 내던지는 일도 흔했다. 그때 나는 둘째 아이를 임신한 지 여섯 달이었다. 연기 자욱한 사무실에서 아기가 건강히 자랄 수 있을까 걱정이 앞섰다. 실제로 근무 기간 내내 아기의 태동이 느껴지지 않았다. 걱정이 된 나는 산부인과에 갈 때마다 의사에게 사무실 환경을 이야기했지만, 돌아오는 대답은 "괜찮을 겁니다"였다. 당시는 임산부 앞에서 담배를 피우는 일이 자연스러운 시절이었다. 담뱃불을 꺼달라고 말할 수도 없었다. 게다가 교통기획과에서는 내가 임신한 줄도 몰랐다. 오히려 "결혼 안 한 미스인 줄 알았다"며 농담이 오고 가던 시절이었다.

교통기획과에서 내가 맡은 첫 업무는 '교통수요 관리'였다. 성수대교 붕괴 이후 하루 평균 10만 5천여 대의 차량이 갈 길을 잃었다. 남단 교차로와 우회도로, 인근 교량 모두가 마비됐다. 서울시는 긴급하게 교통분산 대책을 세웠다. 표지판 설치, 신호주기 조정, 화물차 우회로 확보, 대중교통 이용 권장 등 조치가 연이어 발표됐다. 그중 가장 상징적인 정책이 '자동차 10부제'였다. 자동차 10부제는 서울시 최초의 교통수요 관리 정책으로, 1995년 2월 3일부터 5월 30일까지 시범운영되었다. 차량번호 끝자리에 따라 운행을 제한하고, 위반하면 과태료 5만 원이 부과되었다. 시행 전에는 사유재산 침해 논란이 있었지만, 시민 여론조사와 공청회, 언론 보도를 통해 공감대를 넓혀갔다. 시행 전 찬성률은

77.2%, 시행 후에는 81.4%로 높아졌다.

하지만 현실은 쉽지 않았다. 매일 아침 출근하면 종일 수백 통의 민원 전화가 쏟아졌다.

"장례식에 가야 합니다."

"장애 자녀를 등하교시켜야 합니다."

"응급 환자가 있습니다."

저마다 절박한 사연이었고, 예외를 요구하는 목소리가 끊이지 않았다.

막말과 비난도 감수해야 했다. 수백 통의 전화를 응대하며 하루를 보내다 보면, 긴장 속에서 임신한 배가 단단히 뭉쳐오기도 했다. 그러나 물러설 수 없었다. 4개월 동안 자동차 10부제를 진두지휘하면서 현장을 지켰다. 그때의 경험은 내 공직 인생을 단단히 세워준 시간이었다.

정책은 누군가의 불편 위에 세워질 수밖에 없지만 그 불편이 시민의 안전을 위해서라면 감내해야 한다고 믿었고 시민의 신뢰로 완성된다는 것을 배웠다. 여성 공무원으로서 처음 발을 들인 교통기획과에서 공직자로서의 책임과 사명감을 배웠다. 자동차 10부제 업무는 '두려움 속에서도 책임으로 나아간 시간'이었고, 공직자로서 나를 한층 성숙하게 만든 첫 번째 실전이었다.

평생교육의 씨앗, 서울시민대학

1995년 7월 1일, 대한민국 역사상 처음으로 서울시민이 직접 선출한 민선 1기 서울시장이 취임하는 날이었다. 그 주인공은 조순 시장이었다. 그러나 취임을 앞둔 6월 29일 오후 5시 57분, 서초동 삼풍백화점이 붕괴되었다. 퇴임을 앞둔 최병렬 시장은 송별회 도중에 붕괴 소식을 접하자마자 현장으로 달려갔고, 조순 서울시장 당선인 또한 취임식을 7월 13일로 연기하고 구조 현장을 직접 지휘했다. 성수대교가 붕괴한 후 불과 8개월 만에 또다시 벌어진 대형 참사였다. 이 사고는 502명이 사망하고 6명이 실종되었으며, 937명이 부상을 입는 등 현대사 최악의 인재로 기록되었다. 삼풍백화점 붕괴사고로 취임식이 연기된 조순 시장은 1995년 7월 13일 공식 취임했다.

교통기획과에 전입하고 1년 후 우리나라 최초로 서울시 '1급 여성정책관'이 신설되었다. 나는 여성 공무원으로 도전장을 내고 교통기획과에서 승용차 10부제 등 교통수요 관리 업무를 시작한 지 겨우 1년도 되지 않았지만 신설된 1급 여성정책관 보좌 업무를 수행하러 교통기획과를 떠나야 했다. 나는 1급 여성정책관을 보좌하는 동안 서울여성플라자 건립계획을 수립하고 서울여성재단 출범도 준비했다. 처음으로 서울시 여성 정책 5개년 기본계획도 수립했다.

조순 시장은 급변하는 정보화 사회에서 서울시민들이 문화와 교양을 높이고 삶의 질을 향상시킬 수 있도록 평생교육기관을 설립하라고 지시했다. 시장의 지시사항을 이행하기 위해 나는 또다시 1급 여성정책관 보좌 업무에서 떠나야 했다. 새로 신설되는 서울시민대학 설립 업무를 수행하기 위해 서울시립대학교로 발령이 났다. 법무담당관실, 교통기획과, 여성정책관, 그리고 다시 서울시립대학교로 이어진 전보 인사는 모두 '처음'의 연속이었다.

서울시민대학은 서울시 조례에 근거해 서울시립대학교 부설 평생교육기관으로 개원일이 1997년 7월 1일로 정해져 있었다. 서울시민대학 설립을 준비하기 위해 인사발령을 받은 5월 19일은 개원일이 두 달도 남지 않은 시점이었다. 나를 포함한 서울시민대학 설립준비팀은 서울시립대학교 교수 3명과 직원 7명이었다. 서울시민대학 개강일까지 설립준비팀 모두 밤낮없이 준비해도 시간이 부족했다. 나는 남아 있는 시간을 최대한 효율적으로 활용하기 위해 업무분장을 세분화했다. 수강생 모집요강과 홍보물 제작, 강의실 공사, 교육기자재 및 물품 구입, 강사 섭외, 운영규정 마련 등을 각자 맡았다. 그리고 매일 업무를 마치고 저녁에 하루의 진행 상황을 공유하면서 부족한 점을 서로 의논하고 해결책을 모색했다. 서울시민대학의 교육과정은 학기당 16주, 주 1회 2시간 수업으로 구성했다. 수강 자격은 서울시 거주자 또는 서울 소재 직장인으로 제한했고, 접수는 선착순으로 진행하기로 했다. 강사진은 서울시립대학교 교수진을 중심으로 하되, 필요하면 외부 전문가를 초빙하기로 했다.

그리고 서울시민대학 개강이 일주일 앞으로 다가왔다. 가장 큰 과제가 하나 남아 있었다. 바로 '수강생 모집 방법'이다. 당시에는 컴퓨터와 인터넷 보급이 활성화되지 않아 온라인 접수는 상상할 수도 없었다. 따라서 수강생 모집은 현장에서 접수하는 방식으로 해야 한다. 서울시와 서울시립대학교 홈페이지, 그리고 일간신문에 수강생 모집 공고문을 게재했다. 그러나 접수 당일 현장 접수 인원이 얼마일지 그 규모를 예상할 수 없었다.

1997년 6월 말, 서울시민대학 을지로분교(헌정회 건물 1층)에서 오전 9시부터 수강신청을 받기로 했다. 우리는 처음 수강신청을 받는 날이라 새벽 5시부터 서울시민대학 을지로분교에 출근해 준비했다. 그런데 이른 새벽부터 놀라운 광경이 펼쳐졌다. 수강신청을 하기 위해 길게 늘어선 줄이 을지로분교 주차장을 가득 채우고 지하철 1호선 시청역까지 이어졌다. 그리고 수강신청이 시작된 9시 이후 1시간 만에 모든 강좌의 접수가 마감되었다. 새벽부터 줄을 서서 기다리던 많은 서울시민은 등록도 하지 못하고 강좌가 마감되었다고 항의했다.

그날 아침 조순 시장은 서울시청으로 출근하면서 시청역까지 길게 늘어선 시민들의 행렬을 목격하고, 서울시민의 평생교육에 대한 열정에 깊은 감동을 받았다고 했다. 조순 시장은 서울시민에게 더 많은 평생교육의 기회를 다양하게 제공할 수 있도록 서울시민대학 분교를 확대하고 본교 건물 건립계획도 마련하라고 지시했다. 당시 서울시민대학 본교는 서울시립대학교 내 일부 강의실을 활용하고 조경 및 환경원예 등의 강좌만 운영되고 있었다. 또한 당시에는 백화점 문화센터 외에는 교양강좌나 평생교육 프로그램이 많지 않았다. 은퇴한 중장년층에게는 새로운 배움의 장이 절실했다. 서울시민대학에서 역사, 경제, 서예, 컴퓨터 등 다양한 강좌가 개설되자 시민들의 반응은 폭발적이었다.

1998년 서울시민대학 본교 건립계획이 마련되고, 1999년에는 설계 예산도 반영되었다. 서울시민대학 운영위원회에서 본교 부지를 서울시립대학교와 성동구 두 곳으로 압축해서 논의했다. 성동구청은 시민대학 본교 건물 유치 의지가 강했고, 서울시립대학교는 교내에 설치해야 한다며 의견이 팽팽하게 맞섰다. 서울시민대학 본교 건물 부지는 결정이 유보되었고, 최종 후보지 선정은 서울시에서 결정하기로 했다. 그사이 성동구청에서 본교 건물을 유치하기 위해 노력하던 기획조정실장이 서울시 예산담당관으로 전보되면서 시민대학 본교 건물을 위한 설계 예산이 배정되지 않았고 서울시민대학 본교 건립계획은 무산되고 말았다.

이후 2000년 민선 2기 이명박 서울시장이 취임한 이후 서울시민대학 운영은 축소되었다. 다섯 개의 서울시민대학 분교는 모두 폐쇄되었고, 종로구 행촌동에 소재한 한 곳만 운영되고 있다. 지금도 종로구 행촌동을 지날 때면, 1997년 6월 말 새벽 시청역까지 길게 늘어선 시민들의 행렬이 떠오른다.

만약 서울시민대학 본교의 위치 결정이 유보되지 않았다면 건물이 건립되어 더 많은 서울시민이 그 공간에서 다양한 평생교육을 받을 수 있었을까? 종로구 행촌동 서울시민대학 앞을 지날 때마다 본교 건물 건립이 무산된 아쉬움이 발길을 잡는다.

여성가족부, 출범에서 존립 위기까지

여성가족부, '폐지'가 아니라 '혁신'이다

대한민국 정부 조직에서 여성 정책 업무가 처음 등장한 것은 1988년 노태우 정부 때다. 노태우 정부는 20명 정원의 소규모 정무장관(제2실)을 신설하고 여성의 권익 정책을 총괄하도록 했다.

김영삼 정부는 1995년 「여성발전기본법」을 제정하고, 1998년 대통령 직속으로 41명 정원의 '여성특별위원회'를 신설하는 등 여성 정책 기능을 강화했다.

여성 정책 업무를 수행하는 정부 부처는 김대중 정부에서 탄생했다. 김대중 대통령은 2001년 1월 29일 여성 정책 업무를 수행하는 '여성부'를 신실했다. 여성부는 여성 정책과 남녀차별 개선 업무를 수행히기 위한 1실 3국 2관 조직의 102명 정원이었다. 김대중 대통령은 "21세기는 여성의 세기이고, 여성부 신설은 역사의 흐름이다"라고 강조했다. 또한 전업주부의 가사노동을 GDP에 포함했고, 행정·외무고시에서 여성채용목표제를 도입했다. 그리고 「가정폭력범죄 처벌특례법」(1998)과 「남녀차별금지 및 구제법」(1999)을 제정해 성차별 금지를 위한 법과 제도의 발판을 마련했다.

2003년 노무현 대통령은 "보육은 저소득층 아동의 복지 정책이 아니라 여성의 경제활동 참여 지원을 위한 일·가정 양립 지원 정책으로 전환해야 한다"면서 보건복지부의 영유아보육 업무를 이관하라고 지시했다. 2004년 6월 영유아보육 업무가 여성부로 이관되고 이어 2005년 6월에는 가족 정책까지 보건복지부에서 여성부로 이관되었다. 이에 따라 부의 명칭은 '여성부'에서 '여성가족부'로 변경되었다. 여성가족부 조직도 1실 4국 2관 19과로 확대되고 정원도 176명으로 증원되었다. 당시 노무현 대통령의 영유아보육 업무 이관 지시를 받은 여성부는 이를 담당할 실무자를 찾고 있었고 서울시청 보육팀장이었던 나에게 전입을 요청했다. 보육현장의 현실이 반영되지 않은 복지부 보육지침 개선의 필요성을 느끼던 나는 영유아보육 업무 이관 후 보육지침을 개편할 수 있다면 의미가 있을 것이라 생각했다. 여성부 전입 요청을 국장과 과장에게 보고하자 국장은 여성부의 조직과 기능이 협소해 업무를 추진하기 어렵다며 전입에 반대했다. 그러나 나는 영유아보육 업무 이관을 마치고 운영지침을 개선한 뒤 서울시로 복귀하겠다고 설득했고 1년 동안의 파견이 허락되었다. 2003년 11월 여성부 파견 이후 영유아보육 업무 이관을 수행했고 2004년 3월 「정부조직법」 개정 후 2004년 6월 영유아보육 업무가 이관되었다. 여성부는 저소득층 아동 중심의 선별적 보육 정책에서 모든 아동을 위한 보편적 보육 정책으로 전면 개편했고 여성이 자녀육아 부담으로 중도에 직장을 그만두는 일이 발생하지 않도록 지원했다.

2008년 3월 이명박 정부 출범 후 여성가족부는 폐지 위기에 놓였다. 국회에서 민주당 등 야당의 반대로 완전 폐지는 무산되었으나, 여성 정책과 권익 정책 중심의 여성부로 축소되었다. 가족 정책과 영유아보육 정책은 복지부로 다시 이관되고, 여성부는 명맥만 유지하는 미니부처로 전락했다. 여성부는 경력단절여성 재취업 지원을 국정과제로 추진하며 「경력단절여성지원법」을 제정하고 '경력단절여성지원과'를 신설했다. 나는 신설된 경력단절여성지원과의 초대 과장으로 보임해 직업상담부터 취업연계, 사후관리까지 원스톱으로 지원하는 '여성새로일하기센터'를 설립하여 경력단절여성의 재취업을 지원했다. 이명박 대통령은 2010년 3월 복지부의 가족 정책과 청소년 정책을 다시 여성부로 이관하고 부의 명칭도 여성가족부로 환원되었다.

2013년 3월 박근혜 정부 출범 후, 정부는 처음으로 학교를 그만둔 청소년 문제에 관심을 갖기 시작했다. 그리고 2014년 「학교 밖 청소년 지원법」이 제정되었고 2015년 2월 '학교밖청소년지원과'가 신설되었다. 나는 '학교밖청소년지원과'의 초대 과장으로 부임하여 학교밖청소년지원센터를 설립하고 학교밖청소년 건 강검진 시스템을 구축했다. 또한 학교밖청소년이 학교를 떠난 후 보호의 사각지대에 놓이지 않도록 정보연계를 강화하여 어려움 이 있을 때 지원할 수 있는 사회안전망을 구축했다.

2001년 출범 이후 여성가족부는 호주제 폐지, 성매매 방지, 여 성폭력 피해자 보호, 다문화·한부모·학교밖청소년 등 사회적 약 자 보호에서 큰 성과를 거두었다. 그러나 급격한 인구 감소와 성 인지적 관점을 전 부처 정책에 반영하는 성평등의 구심점 역할을 충분히 수행하지 못했다는 비판도 있다.

2030 청년 남성과 일부 정치인은 여성가족부가 '무능한 부처' 라며 폐지를 주장했다. 정치권 일부는 선거 과정에서 표를 얻기 위한 정치적 전략으로 부처 폐지론을 활용하기도 했다.

한편 회의장에서 예상치 못한 장관의 답변은 여성가족부 폐지 론에 불을 당겼다. 2020년 11월 5일 오전 10시 국회 예산결산특 별위원회 종합정책질의 둘째 날, 국민의힘 윤주경 의원은 정세균 총리에게 성인지 예산 규모를 질의하고, 중앙선거관리위원회 사 무처장에게 2021년 4월 보궐선거 비용에 대하여 질의했다. 이어 서 이정옥 장관에게 "더불어민주당 소속 지방자치단체장의 성폭력 사건으로 치르게 되는 보궐선거 비용 838억이 성폭력 피해자나 여성에게 어떤 영향을 미친다고 생각하십니까?"라고 질의했다. 이정옥 장관은 "국민 전체가 성인지에 대한 집단 학습기회가 된다고 생각합니다"라고 답변했다.

예산결산특별위원회 정회시간에 오늘 윤주경 의원 질의에 대한 장관 답변은 비판이 클 것이라고 조심스럽게 말했다. 이정옥 장관은 평소 마음속에 내재된 소신이라고 했다. 그리고 장관 발언은 내가 예상한 것보다 훨씬 더 비판이 거셌다. 국민의힘 대변인은 여성가족부의 존재 이유를 되묻게 하는 발언이라고 했다. 결국 장관은 적절치 못한 발언으로 피해자와 국민 모두에게 심려를 끼쳐 송구스럽다고 공식 사과했지만, 그 발언은 보수 진영 대선 후보들의 '여성가족부 폐지' 논거로 악용되었고 부처의 존립을 위협하는 논거로 확산되었다.

다른 부처의 정책 실패나 장관의 실언은 '장관 개인의 문제' 또는 '정책 책임자 경질' 등으로 국한되는데, 여성가족부의 경우엔 '존재 무용론'으로 연결되는 불합리한 구조가 반복되었다.

이명박 정부 이후 여성가족부 폐지는 보수 정치권의 단골 이슈가 되었다. 유승민은 대통령 후보 당시 "여성가족부를 폐지하고 그 예산으로 청년을 지원하겠다"고 발언했는데, 그의 주장대로라면 아이돌봄, 한부모 아동양육비, 경력단절여성 재취업, 폭력 피해자 보호 등 핵심 사업이 모두 중단되는 것이었다. 여성가족부 예산은 가족 정책(67%), 청소년 정책(14%), 폭력피해자 보호(7.8%), 경력단절여성 재취업 지원(6.8%) 등으로 구성되어 있다. 이는 여성가족부 예산구조에 대한 무지에서 비롯된 발언이었을까? 아니면 알고도 정치적 효과를 위해 선택한 발언이었을까?

윤석열 후보 역시 20대 대통령 선거 과정에서 "성인지 예산 30조 원으로 북한의 핵을 막겠다"고 발언했으나, 이는 성인지 예산 구조를 몰라서 한 말이다. 성인지 예산은 여성가족부의 예산이 아니라, 모든 정부 예산의 성별 영향 분석 결과를 묶은 개념이다. 만일 성인지 예산을 북한의 핵을 막는 데 활용한다면 복지부의 예산 11조 원으로 집행하는 아동수당, 양육수당 등이 모두 중단되어야 한다.

이렇듯 무지한 발언들은 여성 정책에 대한 오해와 혐오를 확산시켰다. 그 결과 초등학생들의 대화에서도 "이래서 여성가족부는 폐지돼야 해"라는 말이 오갔고, 교사들은 성평등 수업을 회피하는 상황까지 벌어졌다. 여성가족부 폐지 담론은 사회 전반의 성평등 의식 후퇴를 초래했다. 이제 대선 후보들이 성인지 예산과 여성가족부 기능에 무지해 부끄러운 발언을 하지 않기를 바란다.

보수 정부가 출범할 때마다 정부조직 개편 논의에서 여성가족부 폐지가 상수로 등장했다. 여성가족부는 정책 성과와 무관하게 표를 얻기 위한 희생양으로 전락했고 대통령 선거 공약이 되었다. 윤석열 대통령 후보의 '여성가족부 폐지' 일곱 글자 공약은 젠 더 갈등을 자극하며 정치적 효과를 노린 전략이었다. 그는 여성 가족부의 역할과 존재 이유를 이해하려 하지 않았다. 아이러니하게도 윤석열 대통령은 후보 당시 폐지를 공약하고도 여성가족부 장관을 임명했다. 김현숙 장관은 "여성가족부 폐지에는 동의하나 여성가족부 기능은 유지되어야 한다"고 밝혔지만 취임 후에는 여성가족부의 기능을 보건복지부와 고용노동부에 이관하는「정부조직법」개정안을 마련했다. 그 안에는 보건복지부 내에 차관급 인구가족양성평등본부를 신설하고 국무회의 참석 권한을 부여한다는 비논리적 구조가 담겨 있었다.

그러나 여성가족부 폐지안은 국회의 반대로 통과되지 않았고 여성가족부를 폐지하기 어렵다고 판단한 윤석열 대통령은 여성가족부를 사실상 고사시키는 전략으로 선회했다. 새만금 잼버리 파행 책임으로 김현숙 장관을 경질하고 후임 김행 후보자는 청문회에서 낙마했다. 이후 장관을 임명하지 않고 여성가족부의 역할과 기능에 무지한 인사혁신처 출신 공직자를 여성가족부 차관으로 임명하고 장관 직무대행을 수행하도록 했다. 신영숙 차관은 정책 추진보다 인사 통제를 중심으로 부를 운영했고 내부 구성원들을 대기발령하거나 전보조치하면서 조직을 장악했다. 여성가족부 정책은 방향을 잃고 표류했고 여성·청소년 정책은 예산이 대폭 삭감되면서 사실상 정책이 중단되었다. 유엔 여성차별철폐위원회(CEDAW)는 "여성가족부 장관을 즉시 임명하라"고 권고했으나 윤석열 대통령은 탄핵될 때까지 임명하지 않았다.

여성가족부는 기능 중심으로 조직된 다수의 정부 부처와 달리, 정책 대상 중심으로 성별과 세대를 아우르며 사회적 약자를 보호하고 지원하는 역할을 수행해왔다. 그러나 이러한 특성에도 불구하고, 예산편성 과정에서는 '타 부처와의 중복'이라는 이유로 반복적인 삭감이나 사업 이관을 경험해왔다. 그 과정에서 여성가족부 공직자들은 정책 성과와 무관하게 조직의 존재 이유를 끊임없이 증명해야 했고, 이는 조직 구성원의 자존감 저하로 이어졌다.

이제 여성가족부에 필요한 것은 '폐지'가 아니라 '혁신'이다. 급변하는 가족 형태와 인구구조 변화에 대응하고, 2030세대가 결혼과 출산을 부담이 아니라 선택으로 받아들이는 사회를 만들기 위해 여성가족부는 새로운 역할로 재정립되어야 한다. 독일의 가족·노인·여성·청소년부(BMFSFJ)처럼 성인지적 관점에서 생애주기별 정책을 통합·운영하는 조직으로 발전해야 한다. 2025년 10월 1일, 여성가족부의 명칭은 성평등가족부로 개편되었다. 성평등가족부로의 전환은 명칭 변경을 넘어 생애주기 전반을 통합적으로 바라보는 정책 패러다임이 재정립되어야 한다.

여성가족부가 지향하는 성평등의 가치는 특정 집단을 위한 정책이 아니라 우리의 일상 생활방식과 사회 운영 기준을 변화시키는 데 목적이 있다. 나는 그 변화를 가장 가까운 사례에서 확인할 수 있었다.

남편은 국립대학 총장으로 재직하며 보직자를 구성할 때 특정 성별이 관행적으로 배제되거나 과도하게 편중되지 않도록 성별 균형을 중요하게 고려한다고 했다. 그는 여성가족부 공직자인 배우자와 오랜 시간을 함께하면서, 성평등에 대한 인식이 어느 순간 특별한 주장이나 구호가 아니라 '당연한 기준'으로 자리 잡았다고 말한다. 그리고 대학 운영 역시 이러한 기준에서 이루어져야 한다고 강조해왔다고 한다.

최근 보직자들과 만난 자리에서 그는 시댁과 친정을 구분하던 가족 호칭을 평등하게 바꾸려 노력한 나의 가족 정책 경험을 예로 들며, 여성가족부 정책은 특정 집단을 위한 것이 아니라 사회 전체의 관계 방식과 문화를 서서히 바꾸어온 과정이라는 점을 설명했다고 전해들었다. 나는 그 이야기를 들으며, 성평등 정책이 가랑비에 옷 젖듯 사람의 사고방식과 조직의 운영 원리에 스며들어가고 있음을 실감했다.

성평등의 가치는 일상생활에서 구현될 때 힘을 갖는다. 개인의 삶과 조직의 운영 방식에서 반복적으로 실천될 때 사회의 기준이 된다. 이것이 내가 22년간 여성가족부 정책에서 지향해온 여성가족부의 가장 본질적인 성과다. 여성가족부 정책은 구호가 아니라 개인의 판단과 기준 속에 자연스럽게 스며들 때 비로소 사회를 바꾼다.

윤석열 정부의 불편한 진실

3분짜리 대통령 업무보고

2022년 5월 10일, 윤석열 대통령이 제21대 대통령으로 취임하고 윤석열 정부가 공식 출범했다. 취임 이후 각 부처는 1년 동안 추진할 주요 과제를 대통령에게 보고하는 업무보고를 준비했다. 통상 대통령 업무보고는 장관과 부처 간부들이 배석하고, 전문가와 정책수혜자들이 함께 토론하는 방식으로 진행된다. 그러나 윤석열 정부의 첫 업무보고는 기존의 방식과는 전혀 다른 형태였다. 정부 출범 직후 진행된 첫 업무보고는 각 부처 장관이 용산 대통령실의 집무실에서 대통령과 마주 앉아 독대 형식으로 진행되었다. 배석자는 대통령 비서실장과 해당 부처 관련 수석뿐이었고, 토론자나 부처 관계자는 한 명도 배석하지 않았다.

2023년 대통령 업무보고는 다시 기존 형식으로 바뀌었다. 장소는 청와대 영빈관으로 옮겨졌고, 부처 간부와 전문가, 그리고 정책 대상자들도 참석했다. 업무보고 후에는 전문가 토론회도 병행되었다. 그러나 새롭게 바뀐 업무보고 형식에서 우리 부는 문제가 있었다. 여성가족부 장관의 업무보고 시간은 단 3분이었다. 우리 부는 대통령 업무보고 자료를 3분 안에 맞추기 위해 PPT와 장관의 발표문을 조정하느라 집중해야 했다. 한 부처에서 1년간 추진할 업무를 3분 안에 보고하는 것이 가능한 일일까? 여성가족부 폐지를 공약한 대통령이 우리 부의 업무보고는 받고 싶지 않아서 형식적으로 처리하려 한 것은 아니었을까 의구심이 들었다. 대통령의 의도를 알 수는 없지만 3분이라는 시간에 맞추어 장관의 업무보고 스크립트를 다듬어야 했던 우리는 자존감이 무너졌다.

2024년 업무보고는 22대 총선을 앞두고 있었다. 윤석열 대통령은 부처별 대면 업무보고를 전면 중단하고 서면 보고로 대체하라고 지시했다. 대신 대통령이 직접 전국 현장을 방문해서 국민과 정책을 논의하는 '민생현장토론' 방식으로 전환한다고 발표했다. 처음에는 교육부의 초등돌봄 정책에 '아이돌봄서비스'가, 저출산고령사회위원회의 저출산 대책에 '가족친화 인증기업'이 포함되어 있었다. 그러나 교육부의 '초등돌봄' 민생현장토론회에서 '아이돌봄서비스'가 제외되고, 저출산 토론회 역시 무기한 연기되면서 '가족친화 인증기업'도 제외되었다. 결과적으로 우리 부의 정책은 윤석열 대통령이 주재하는 민생현장토론회 정책 대상에서 모두 빠지게 되었다.

그런데 2024년 1월 초, 대통령실의 국정기획비서관실에서 갑자기 연락이 왔다. 3월 5일 청년 주제 민생현장토론 과제로 '아동양육비 선지급제 도입방안'을 포함하기로 했다는 것이다. 아동양육비 선지급제는 윤석열 대통령의 대선 공약이었으나, 인수위원회에서 정부의 재정 부담 등을 이유로 제외된 국정과제였다. 그런데 대통령실의 국정기획비서관실에서 부처와 사전 협의도 없이 일방적으로 도입을 결정하고 통보한 것이다. 더욱 의아한 점은, 국정기획비서관실은 본래 국정과제나 민생현장토론 과제를 담당하는 부서가 아니다. 관련 업무는 국정과제비서관실 소관이었다. 심지어 우리 부를 담당하는 사회수석실조차 해당 결정을 인지하지 못하고 있었다.

그렇다면 왜 국정기획비서관실이 아동양육비 선지급제 도입방안 결정을 주도했을까? 당시 김동조 국정기획비서관은 윤석열 캠프 시절 메시지 총괄을 맡은 인물이었고, '한남동 7인회'로 불리면서 김 여사 측근으로 분류되었다. 그는 과거 코바나컨텐츠 행사에서 도슨트로 활동한 이력도 있었다.

기획재정부와 법무부는 수년 동안 아동양육비 선지급제 도입을 강력히 반대해왔다. 그런데 대통령실에서 갑자기 정책 도입을 결정하고 국정기획비서관실 행정관들이 직접 나서서 "재정·법률 등 걸림돌이 되는 문제는 모두 다 알아서 정리해주겠다"고 했고 실제로 그렇게 되었다. 수년간 반대 입장을 고수하던 기획재정부·법무부·금융위원회에서 반대 의견을 내지 않았다. 게다가 기획재정부는 전액 국고로 아동양육비 선지급금 예산을 배정했고 「양육비이행법」 개정안도 통과되었다.

나는 이 상황이 너무 의아하고 당혹스러웠다. 그런데 대통령실의 국정과제비서관실에서 걸려 온 전화 한 통으로 모든 의문이 풀렸다. 국정과제비서관실의 한 행정관은 아동양육비 선지급제는 청년 주제 민생현장토론 과제 리스트에 포함되어 있지 않다고 했다. 그는 오히려 내게 어디에서 누구로부터 연락을 받았는지 물었다. 나는 지난 1월초 대통령실의 국정기획비서관실에서 갑자기 연락받은 날부터 관계 부처의 반대 이견을 싹 다 정리해준 행정관들까지 그간의 추진 경위를 자세하게 알려주었다. 그러자 그 행정관은 조심스럽게 말했다. "김건희 여사의 관심사항은 국정기획비서관실에서 별도로 직접 챙기면서 검토하고 결정된 이후 국정과제비서관실로 통보됩니다."

그뿐이 아니다. 기획재정부는 공공기관 설립에 매우 부정적인 입장을 오랫동안 고수해왔다. 과거 재단법인 한국건강가정진흥원을 특수법인으로 전환하기 위해 수년간 노력했으나 매번 기획재정부의 높은 장벽에 가로막혀 번번이 실패했다. 2014년 「양육비이행법」 제정 이후 양육비이행관리원 특수법인 설립 과정에서도 기획재정부의 거센 반대로 난항을 겪었다. 그러다 겨우 한국 건강가정진흥원과 통합한 형태로 양육비이행관리원의 특수법인을 설립할 수 있었다.

그런데 이번에는 상황이 너무 달랐다. 아동양육비 선지급제 도입이 결정된 뒤 양육비이행관리원을 한국건강가정진흥원과 분리하여 별도의 특수법인으로 설립하는 안이 승인되었다. 이 과정에는 국민의힘 여성가족위원회 간사의 역할도 있었다. 정경희 간사는 「건강가정기본법」 개정을 저지하기 위해 여성가족위원회 위원으로 자원한 인물이고, 법 개정을 저지하기 위해 여성가족위원회 법안소위도 열지 않았다. 그런데 2024년 2월 갑자기 태도를 바꾸어 법안소위를 열겠다고 하고 이빈 소위에서 「양육비이행법」 개정안만 통과시키겠다고 나섰다. 그 배경에는 용산 대통령실의 지시가 있었을 것이라는 추측이 나왔다. 그 후 신영숙 차관은 김건희 여사와 가까운 인사를 양육비이행관리원장으로 임명했다. 이 인사는 2025년 국회 여성가족위원회 국정감사에서 논란이 된 바로 그 인물이다.

국정과제도 아닌 '아동양육비 선지급제 도입'이 갑자기 결정된 배경이 너무 의아했는데 그 이면에는 정책적 필요보다 양육비이행관리원장 인사를 목적으로 결정된 사안이 아니었나 하는 의구심이 든다.

두 차례에 걸쳐 편성된 정부예산

2024년도 정부예산안 편성 과정은 기존 예산편성 절차를 완전히 뒤엎은, 매우 이례적인 방식으로 진행되었다. 정부예산안은 오랜 관행에 따라 정해진 절차를 거쳐 편성되는 것이 일반적이다. 통상적으로 기획재정부는 4월 말 각 부처에 예산 한도액을 통보하고, 각 부처는 예산 한도 범위 내에서 자체 예산안을 편성해 5월 말까지 기획재정부에 제출한다. 이후 기획재정부는 6월부터 8월까지 총 4차례의 예산심의를 거쳐 정부예산안을 잠정 확정한 뒤, 8월 말 국무회의 의결을 통해 정부안을 확정하고 9월 초 국회에 제출한다.

2023년에도 통상의 예산 절차에 따라 2024년도 예산안 편성이 진행되고 있었다. 4월 말 기획재정부의 예산 한도 통보를 받은 각 부처에서 예산안을 편성하여 5월 말까지 기획재정부에 제출했고, 기획재정부는 각 부처에서 제출된 예산안을 1차 심의까지 완료했다. 그러나 6월 말, 뒤늦게 열린 재정전략회의에서 윤석열 대통령이 "2024년도 정부예산안을 다시 편성하라"고 지시하면서 상황이 급변했다. 대통령의 지시가 내려오자 기획재정부는 각 부처에 예산안을 전면 재편성하라는 지침을 전달했다. 2023년 예산 대비 모든 부처의 예산을 일괄적으로 30%씩 삭감하라는 지시가 함께 내려왔다. 예산 절차를 무시한 재편성도 이례적이었지만 전년도 예산 대비 30%씩 무조건 일괄 삭감하라는 지시는 그야말로 전례가 없는 일이었다.

기획재정부에서 통보를 받은 전 부처는 일제히 비상체제에 돌입했다. 7월의 여름휴가 반납은 물론 주말 근무까지 감수하면서, 전년 대비 30%의 예산을 줄일 수 있는 항목을 찾기 위해 고심에 고심을 거듭해야 했다. 예산은 대부분 연속성과 지속성이 필요한 사업에 투입되는 만큼 '전년 대비 감액'이 가능한 사업을 찾는 일은 사실상 불가능에 가까웠다. 특히 진행 중인 사업을 아무런 이유 없이 중단한다면, 그 피해와 반발을 감당해야 할 주체는 결국 해당 부처였다. 대표적인 사례로 R&D 예산이 대폭 삭감되었는데, 이는 정부 전체 사업 중 가장 큰 규모였다.

우리 부 또한 예외가 아니었다. 각 부서 직원들은 자신이 담당한 사업이 삭감되지 않기를 바라면서 국회 예산심의 과정에서 증액이 가능한 사업을 중심으로 감액 대상을 찾거나 예산이 줄어도 상대적으로 반발이 적을 것으로 예상되는 사업을 선택할 수밖에 없었다. 특히 전체 예산의 68%를 차지하는 가족정책국은 감액해야 할 규모도 상대적으로 컸다. 그나마 다행이라고 생각한 것은 한부모·다문화·아이돌봄 관련 예산은 국회 예산심의 과정에서 증액 가능성이 있어 일단 감액하기로 했다. 또한 예산 삭감 후 증액이 어려운 여성정책국 예산 중 일부는 가족정책국에서 더 삭감하기도 했다. 그럼에도 여성정책국, 권익정책국, 청소년정책국은 예산이 삭감된 후 국회에서 증액이 이루어지지 않아 타격이 매우 컸다.

그중에서도 청소년정책국의 예산 삭감은 매우 심각했다. 2023년 세계스카우트잼버리 파행 이후 청소년 활동 관련 예산이 거의 전액 삭감된 것이다. 청소년 근로 권익 보호 예산 12억 7,300만 원, 인터넷·스마트폰 과의존 상담사 배치 예산 9억 7,700만 원이 전액 삭감되었고, 가출 예방, 청소년 동아리 활동, 어울림마당, 국제교류, 참여기구 운영, 청소년단체 활동 등 주요 사업도 모두 폐지되었다. 또한 청소년 어울림마당, 치료재활센터, 한부모 청소년 자립패키지, 내일이룸학교 등 청소년의 일상과 직결된 사업들이 줄줄이 사라졌다. 청소년 정책 예산의 전면 삭감은 곧 청소년 정책의 중단이자, 청소년 활동 지원체계의 해체를 의미했다.

2024년 청소년 관련 예산이 줄줄이 삭감되는 이유가 2023년 세계스카우트잼버리 파행에 대한 여성가족부의 책임을 묻기 위한 목적이라면 그 책임을 부정할 수는 없다. 그러나 청소년 관련 예산 삭감은 잼버리 파행의 책임이 청소년에게 전가되는 결과를 초래했다.

잼버리 파행의 원인은 잘못된 부지선정, 폭염, 부실한 사전 준비, 위기 대응 실패 등 구조적 문제와 정부의 역할에서 비롯된 것이지, 청소년이 잘못을 책임져야 할 사안이 아니다.

2023년 예산편성 과정은 윤석열 정부의 기괴한 행정 운영 및 비합리성을 단적으로 보여주는 한 사례다. 2023년에 삭감된 청소년 활동 예산은 단순한 재정 조정의 문제가 아니라, 국가에서 청소년에게 저야 할 책임을 방기한 결과다. 따라서 청소년 활동 예산은 반드시 원상으로 회복되어야 한다. 그것이 정부가 보여줄 미래 세대에 대한 최소한의 예의다.

비상계엄 사유가 된 아이돌봄 감액 예산

2024년 12월 3일 밤 10시 23분, 대한민국 국민은 평범한 일상이 무너지는 장면을 텔레비전을 통해 보았다. 윤석열 대통령이 비상계엄 선포를 위한 긴급담화문을 읽기 시작한 것이다. 나는 순간적으로 '김정은이 핵을 쏘았나?'라는 불안감에 텔레비전에서 눈을 떼지 못했다. 그러나 잠시 후 이어진 대통령의 발언은 예상하지 못한 내용이었다.

"아이돌봄 예산 356억 감액을 포함한 야당의 예산 독단 처리가 자유민주주의 질서를 전복시키려는 시도이며…"

그 말을 듣는 순간, 나도 모르게 헛웃음이 새어 나왔다. 아이돌봄 예산 356억 감액이 비상계엄 사유라니.

생각해보면 불과 1년 전인 2023년 6월 말, 2024년도 예산을 전년 대비 30% 일괄 삭감하라는 지시를 내린 인물이 윤석열 대통령 아닌가? 그때 청소년·여성·권익 정책 관련 예산이 줄줄이 삭감되어 여성가족부의 많은 사업이 중단되었는데, 이제 와서 국회가 전년도 불용액을 감안해 아이돌봄 예산을 일부 감액한 것을 두고 '헌정 질서 전복'이라고 규정하다니, 실소를 금할 수 없었다.

사실 국회 예산심의 과정에서 정부예산안 중 일부가 감액되는 것은 매년 발생하는 일이다. 통상 정부예산안 중 5~7조 원 정도가 감액된다. 2025년도 정부예산안에서 민주당이 감액한 금액은 총 4조 1천억 원으로 전체 정부예산의 0.6%에 불과했다. 게다가 2025년도 아이돌봄 예산 감액은 2023년도 불용액과 2024년도 예산 집행률을 고려하지 않고 오히려 2024년 대비 456억 원이나 증액된 상태로 제출되었기 때문에 국회 여성가족위원회 예산심의 과정에서 감액된 예산은 재정의 효율성을 고려한 합리적인 조정안이었다.

그런데 윤석열 대통령은 '아이돌봄 예산 감액'을 비상계엄 선포 이유 중 하나로 내세웠다. 이 얼마나 우스꽝스럽고 부끄러운 비상계엄 담화문인가.

다음 날인 12월 4일 아침 라디오에서 한 정치평론가가 이렇게 말했다. "세계 비상계엄 역사상, '아이돌봄'이라는 단어가 긴급담화문으로 들어가는 일은 처음이자 마지막일 겁니다." 또 다른 평론가는 "아이돌봄 감액 예산이 비상계엄 긴급담화문에 들어간 사실을 해외 언론이 알까 봐 부끄럽다"고 말했다.

나 역시 같은 생각이었다. 윤석열 대통령의 비상계엄 긴급담화문은 누가 작성했을까?

「헌법」 제77조 제1항에 규정된 비상계엄 선포 요건에 "대통령은 전시·사변 또는 이에 준하는 국가비상사태에 있어서 병력으로 군사상의 필요에 응하거나 공공의 안녕질서를 유지할 필요가 있을 때에 비상계엄을 선포할 수 있다"라고 명시하고 있다. 또한 계엄법 제2조 규정에 적과 교전 중이거나, 사회질서가 극도로 교란되어 행정·사법 기능이 현저히 마비된 경우로 제한하고 있다. 법적 근거를 보더라도, 아이돌봄 예산 감액이 비상계엄의 이유가 될 수 없다는 것은 너무나 자명하다. 비상계엄 긴급담화문을 작성한 자는 이 사실을 알고도 포함했을까?

'여성가족부 폐지'를 공약으로 내걸고 장관 임명조차 하지 않고 사실상 여성가족부를 고사시키려 했던 윤석열 대통령은 '아이돌봄서비스'가 무엇인지 알고 있었을까? 그것이 여성가족부의 핵심 업무라는 사실도 알고 있었을까? 아이돌봄 예산 356억이 감액된 이유가 무엇인지 보고는 받았을까? 그리고 그 예산이 비상계엄 담화문에 포함될 만큼 중요한 사안이라고 그는 진심으로 믿었을까? 아이돌봄 예산 감액이 '국가 비상사태' 사유로 등장한 그날 밤, 나라의 지도자를 잘못 선택하면 국가의 행정이 어디까지 무너질 수 있는지 확인하게 되어 더 안타깝고 씁쓸했다.

돌봄인력 부족 문제 해결은 국내 돌봄 종사자 처우 개선으로

2007년 처음 도입된 아이돌봄서비스는 여성가족부의 가족 정책 중 국민으로부터 가장 신뢰받는 제도로 자리 잡았다. 그러나 맞벌이 가정의 현실은 달랐다. 서비스를 신청해도 아이돌보미가 배정될 때까지의 대기기간이 너무 길어 이용을 포기하는 사례가 적지 않았다. 여성가족부는 이용 대기시간을 단축하기 위해 매년 아이돌보미 양성 규모를 늘려왔지만 이용수요를 따라잡기에는 한계가 있었다.

사실 돌봄인력 부족은 아이돌보미만의 문제가 아니다. 간병인, 노인 돌봄 전반에서 인력난은 이미 구조적이었다.

오세훈 서울시장은 "홍콩·대만처럼 월 100만 원 수준의 저렴한 비용으로 외국인 가사도우미를 활용하는 방안을 검토해야 한다"고 국무회의에서 제안했다. 국민의힘 조정훈 의원은 외국인 가사노동자에게는 내국인과 동일한 최저임금을 적용하지 않는 법안을 대표발의했고, 국민의힘 나경원 의원도 외국인 가사노동자의 최저임금 적용 제외를 주장했다.

2023년 국무조정실은 '필리핀 가사도우미 시범운영' 방안에 대하여 관계 부처의 의견을 수렴했다. 그리고 '필리핀 가사도우미 시범운영'을 여성가족부에서 추진하라고 권유했다. 나는 「아이돌봄지원법」상 가사서비스 제공이 불가능하고 현행법상 아이돌보미가 외국인이더라도 최저임금을 배제할 수 없다는 점에서 필리핀 가사도우미 시범운영을 추진하기 어렵다고 했다.

필리핀 가사도우미 시범운영 주관 부처를 정하지 못한 채 시간이 흐르면서 대통령실에서 관계 부처 회의를 소집했다. 고용노동부·법무부·여성가족부·서울시·민간기관이 참석했다. 대통령실 정무수석 주재 회의에서 법무부는 "외국인 가사노동자에게 최저임금을 적용하지 않으면 불법체류자가 될 위험이 높고, 불법체류자는 찾아내기도 어렵다"며 난색을 표했다. 나는 국무조정실에서 우리 부 입장을 밝혔듯이 "가사서비스 제공은 현행 「아이돌봄지원법」상 불가하며, 가사서비스를 제공하기 위해서는 법 개정이 필요한데 이미 2013년 법 개정을 시도했으나 무산되었다"고 설명했다. 또한 "외국인도 120시간의 양성교육을 이수하면 아이돌보미로 활동할 수 있지만 최저임금 적용은 배제할 수 없다"는 점을 다시 한번 명확하게 말했다.

고용노동부는 조정훈 의원 대표발의 당시에는 외국인 가사노동자 최저임금 배제에 반대 입장을 냈지만, 대통령실 회의에서는 의견을 유보했다. 대통령실 회의 후 결국 서울시와 고용노동부가 필리핀 가사도우미 시범사업을 추진하기로 했다. 그러나 새로 취임한 김문수 장관은 "외국인이라는 이유로 최저임금을 차등 적용하는 것은 헌법상 평등권에 위배된다"고 입장을 밝혔다. 그 후 필리핀 가사도우미 시범사업은 최저임금을 적용하는 조건으로 2024년 9월에야 시작되었다.

필리핀 가사도우미들은 안전보건, 성희롱 예방, 아이돌봄 및 가사관리 직무, 한국어 생활문화 등 총 160시간(4주)의 교육을 이수한 뒤 현장에 투입되었다. 이들은 시간당 최저임금(9,860원)과 4대 보험 등 간접비용을 포함한 금액을 지급받았고, 1일 4시간 또는 8시간 근무 형태로 아이의 옷 입히기, 목욕시키기, 먹여주기 등 기본적인 일상 보조 업무에 한정되었다. 홍콩의 가사도우미처럼 그리고 당초 취지와 달리 숙식 제공과 가사노동까지 하는 형태가 아니었다.

외국인 가사도우미 시범사업이 시작된 지 얼마 되지 않아 2명의 이탈자가 발생하면서 불법체류 문제가 다시 불거졌다. 그럼에도 서울시와 고용노동부는 시범운영 후 외국인 가사도우미 인원을 100명에서 1,200명으로 확대하고, 베트남·캄보디아 등으로 선발 대상을 확대하겠다고 발표했다. 그러나 수요조사 결과, 서울시는 950명, 부산·세종은 각각 20명 미만으로 이용 의사를 보이면서 본 사업 전환은 재검토하기로 했다.

외국인 가사도우미 시범운영 후, 오세훈 시장은 "최저임금 미적용은 현실적으로 어렵다는 점을 인정한다"며 "처음 하는 사업이라 매끄럽지 못했지만 부족한 돌봄인력 문제를 해결하는 것이 목표"라고 했다. 그리고 시범사업은 1년 연장하기로 하고 이용요금은 시간당 16,800원으로 인상되었다. 이는 서울시가 부담하던 운영비를 이용자가 직접 부남하는 구조다. 오 시장은 "홍콩·싱가

포르 모델보다는 일본의 방식이 더 현실적이고, 최저임금 보장은 불가피하지만, 일본처럼 지역별 차등제가 있다면 좋겠다"고 또 다시 주장했다. 그는 "돌봄 수요는 분명히 존재하며 인력 부족은 더욱 심화될 것이다. 시행착오가 있더라도 외국 인력을 효율적으로 활용하고, 이들이 우리 사회의 좋은 이웃으로 정착할 수 있도록 해야 한다"고 강조했다.

용산 대통령실도 저출산 대응의 일환으로 외국인 가사도우미 고용 비용을 낮추는 방안을 모색한다고 했다. 유혜미 저출산대응수석은 "최저임금 적용으로 비용이 높다"며 "비용을 낮출 수 있는 방안을 계속 검토 중"이라고 밝혔다. 그러나 현실은 달랐다. 시범사업을 신청한 751가구 중 318가구(43%)가 강남 3구에 거주하고, 73%는 부부합산 소득이 900만 원 이상이었다. 필리핀 가사도우미 제도의 당초 취지인 '중산층 맞벌이 가정의 돌봄 부담 완화'와는 거리가 있었다.

나경원 의원은 국회 세미나에서 "양육비 부담을 해결하지 않고는 저출산 문제도 풀 수 없다"며, 외국인 근로자 최저임금에 대해 '업종·지역별 차등 적용', '사적 계약 통한 적용 제외', '단기 근로자 적용 제외' 등을 제안했다. 또한 "외국인 근로자의 실질소득이 송출 비용이나 브로커 문제로 줄어들지 않게 고용허가제를 재정비해야 한다"고 주장했다.

필리핀 가사도우미 시범사업은 당초 저렴한 외국인 돌봄서비스를 목표로 시작했다. 하지만 1차 시범사업 기간에는 서울시에서 기관 운영비를 보조했으나 2차 시범사업 때는 운영비 보조를 중단했고 이용자의 비용이 월 292만 원 이상으로 오르면서 취지가 무너졌다. 또한 이용 가구의 41%가 강남 3구에 집중되면서 전국으로 확대하는 계획을 보류했다.

2024년 9월 30일 '이데일리' 주최 '가사돌봄 긴급좌담회'에서 최영미 가사돌봄유니온 위원장은 "아이돌보미가 정말 부족한지조차 확인되지 않은 상황에서 외국인 도입을 서둘렀다"고 비판했고, 양난주 대구대 교수는 실제로 우리나라는 대만·싱가포르·홍콩과 전혀 다른 돌봄체계를 가지고 있다. 이들 국가는 공공 돌봄 제도가 없고 ILO(국제노동기구) 협약에도 가입하지 않았다. 그러나 우리나라는 공공 돌봄체계와 무상 돌봄체계를 이미 갖추고 있고 1996년부터 ILO협약에 가입해 「헌법」·「근로기준법」·「외국인고용법」에 따라 모든 노동자에게 최저임금을 적용하는 것이 원칙이다. 외국인이라는 이유로 다른 임금을 적용하는 것은 국제 규범과 국내법 모두 어긋난다.

그런데 윤석열 정부와 오세훈 서울시장은 왜 국제 규범과 국내법 모두 어긋나는 '값싸고 유연한 외국 인력'을 저출산과 여성 경력단절의 해법이라고 하면서 밀어붙였을까? 외국인 돌봄 근로자에게 죄서임금 적용을 배제하는 것은 현실과 동떨어진 발상이나. 돌봄 인력이 부족한 근본 원인은 국내 돌봄 종사자의 열악한 처우에 있다. '값싼 외국 인력'에 의존한다는 발상은 문제를 왜곡할 뿐이다.

부족한 돌봄인력 문제 해결은 국내 돌봄 종사자의 처우 개선이 선행되어야 한다. 그리고 그로 인한 돌봄비용 상승은 무상보육 또는 아이돌봄서비스처럼 정부에서 지원을 통해 경감해주어야 한다. 한국은 세계에서 유일무이하게 무상보육을 시행하고 공공 아이돌봄서비스를 운영하는 나라다. 민간 베이비시터를 이용하는 가정에도 공공 아이돌봄서비스처럼 이용가구의 소득수준별로 정부에서 차등으로 지원하고, 본인이 부담하는 비용은 연말에 특별세액공제 등을 통해 돌봄비용 부담을 경감해주어야 한다.

외국인 최저임금 논란이 사회적 이슈로 부각되고 있을 때, 미얀마 출신 가사노동자 수미타의 아픈 이야기가 생각났다. 그녀는 단기 비자로 입국해 3년간 가사노동자로 성실하게 일했지만, 어느 날 갑자기 절도와 출입국법 위반 누명을 쓰고 거리로 내몰렸다. 3년의 법정 싸움 끝에 무죄를 받았지만, 그녀가 잃어버린 시간과 상처는 되돌릴 수 없었다.

다시는 돌봄인력 부족 문제를 해결하기 위하여 값싼 외국 인력에 의존한다는 발상으로 수미타 같은 상처와 억울함이 반복되지 않기를 바란다.

아무도 책임지지 않은 잼버리 파행

2023년 8월 여름, 새만금 세계스카우트잼버리 대회는 한국이 얼마나 준비되지 않은 상태에서 국제행사를 치렀는지 여실히 보여주었다. 열악한 야영장, 폭염에 방치된 청소년, 위기 대응 능력을 상실한 조직위원회. 세계는 한국을 조롱했고, 국민은 분노했다.

잼버리 대회는 단순한 행사 실패가 아니라, 대한민국 행정의 민낯을 드러낸 국가적 수치의 기억으로 남았다. 그러나 모든 혼란의 끝에 책임을 지는 사람은 없었다.

잼버리 대회는 156개국, 4만여 명의 청소년과 관계자가 참여하는 초대형 국제행사였다. 윤석열 대통령은 개영식에 참석해 "전 세계 스카우트들과 멋진 추억을 만들라"고 격려했지만, 악몽은 그날부터 시작되었다. 폭염으로 온열질환자가 속출했고, 새만금 야영장은 난민촌 같았다. 샤워실과 화장실은 턱없이 부족했고, 의료·방역 체계는 무너졌다. 당시 행사에 차출된 우리 부의 한 직원은 너무 부끄러웠다고 했다. 결국 영국과 미국은 철수하기로 결정했다. 전 세계 언론이 한국 정부의 무능과 준비 부족을 비판했고, 한국은 한순간에 '국제 망신'의 중심에 섰다.

조직위원회는 대회 시작 전 기본시설 점검조차 제대로 하지 않았다. 폭염, 폭우, 감염병에 대한 대비는 전무했다. 결국 태풍 '카눈'의 북상으로 대회는 조기에 종료되었고, 참가자 4만여 명은 전국의 대학과 지자체 기숙사로 분산 배치되었다. 그 과정은 그야

말로 총체적 혼란이었다. 행정안전부와 국무조정실이 긴급 지원에 나섰고, 각 지방자치단체와 대학 관계자들은 밤을 새우며 숙소를 마련했다. 나 또한 장관과 함께 대학 기숙사로 배치된 외국 청소년들의 안전과 프로그램 운영 상황을 점검하기 위해 현장을 돌았다. 예고 없이 몰려든 전 세계 청소년들을 맞이하게 된 대학 관계자들은 퇴근조차 하지 못한 채 분노와 피로에 지쳐 있었다. 그리고 그 분노의 화살은 자연스레 여성가족부를 향했다.

나는 그 와중에 세계스카우트연맹과의 협상 업무를 맡아야 된다고 했다. 그동안 잼버리 대회에 한 번도 관여한 적 없던 내가 갑자기 협상 창구가 되어, 세계스카우트연맹의 요구를 듣고 정부의 입장과 조율해야 했다. 각 부처 연락망도, 협상 절차도, 사전 정보도 전무했다. 그러나 머뭇거릴 여유가 없었다. 다음 날 아침부터 세계스카우트연맹과 협상이 예정되어 있었기 때문이다. 당시 청소년국 직원들은 새만금 현장 수습으로 정신이 없었고, 부처 간 연락 체계는 사실상 마비되어 있었다. 나는 관계 부처 합동 협상 TF를 긴급히 꾸려야 했다. 국무조정실과 행정안전부 등 부처에 전화를 걸었지만, 돌아오는 답변은 대부분 "왜 여성가족부가 이런 난국의 상황을 만들고 문제해결은 다른 부처에서 나서야 하느냐"는 원망만 돌아왔다. 나는 그들에게 일일이 사과하면서 협조를 구했고, 그렇게 어렵게 세계스카우트연맹과의 협상 TF를 구성했다.

다음 날부터 시작된 세계스카우트연맹과의 협상은 매일 새로운 요구사항을 내놓았다. 우리는 최대한 그들의 요구를 수용하려 노력했지만, 마지막으로 그들이 요청한 것은 잼버리 대회 종료 후 한국에 더 남기를 희망하는 참가자에게 숙소를 제공해달라는 것이었다. 문제는 남기를 희망하는 인원이 몇 명인지조차 파악되지 않았다는 것이다. 처음 그들은 7천 명분의 숙소를 요구했다. 그러나 국무조정실과 행정안전부와 논의한 끝에 3천 명으로 축소해서 다음 날 협상하기로 했고, 결국 그들도 동의했다. 명확한 근거 없이 수치를 줄이며 협상해야 하는 그 순간 어찌해야 할지 몰라 당혹스러웠다.

잼버리 대회가 태풍으로 중단되고 대회 참가자를 전국 대학 기숙사 등으로 배치하고 세계스카우트연맹과 협상하는 과정 내내 조직위원회 사무총장의 업무 태도에 나를 포함한 타 부처 관계자들은 분노를 느꼈다. 잼버리 대회 이전에는 여러 가지 사정으로 준비하지 못했다고 하자. 그러나 잼버리 대회가 파행되고 수습하는 과정에서는 그 책임을 다하기 위해 누구보다 최선을 다해야 하는 것 아닌가? 그러나 그는 문제를 회피하고 뒷전에 물러나 있었다. 잼버리 대회를 수습하는 업무는 자신과 관계없다는 듯 방관하고 오히려 수습하는 우리에게 화를 냈다. 폭염 속에서 고생한 4만 명의 청소년과, 수습하기 위해 각자 고유 업무를 멈추고 전국을 뛰어다닌 수많은 타 부처 공직자는 물론이고 나를 포함한 우리 부 직원들을 생각하면 그의 태도는 더욱 이해하기 힘들었다. 그럼에도 그는 퇴임하는 그날까지 아무런 불이익도 받지 않았고, 잼버리 조직위원회가 해산될 때까지 정상적으로 월급도 받고 임기도 채우고 떠났다.

이후 나는 조직위원회 사무총장이 대통령과 같은 충암고등학교 출신이고, 여성가족부 장관 직무대행과 고려대학교 동문이라는 사실을 우연히 알게 되었다. 잼버리 대회 파행 후 그는 연줄을 믿고 수습과정에서도 책임을 방관했고 퇴임할 때까지 아무런 불이익도 받지 않았던 걸까? 나는 그가 '충암고'와 '고려대'라는 연줄로 면죄부를 받지 않았기를 바란다.

2023년 잼버리 대회 파행 이후, 감사원은 감사결과 발표를 1년이 넘도록 미루었다. 감사결과는 윤석열 대통령이 탄핵된 후 2025년 8월에 발표되었다. 감사원은 "새만금 세계스카우트잼버리 대회는 단순한 준비 부족이 아니라, 구조적 무책임과 전문성 결여, 부실 행정의 총체적 실패였다"고 결론지었다. 조직위원회 인력 159명 중 국제행사 경험자는 단 10명, 더욱이 사무총장은 국제행사 추진 경험이 전무했다. 감사원의 감사결과가 발표되는 시점에는 이미 대부분의 책임자가 퇴임한 뒤였다.

결국 아무도 잼버리 대회 파행을 책임지지 않았다.

혼자서 감당해야 했던 고통

법령을 벗어난 장관의 지시

2023년 12월 30일, 국정현안 조정회의가 열리던 날이었다. 회의 안건은 '여성고용 활성화 방안'이었고, 한덕수 국무총리가 여성가족부 장관에게 질문했다.

"아이돌봄서비스의 이용자 만족도는 매우 높은데 아이돌보미 공급이 부족하여 대기 가정이 많은 문제는 어떻게 해결되고 있습니까?"

여성가족부 장관은 답변했다. "아이돌보미 공급을 늘리려면 「아이돌봄지원법」 개정이 필요한데 여야 간 이견으로 국회에서 법안소위가 열리지 않아 개정안이 계류 중입니다."

회의가 끝나자 총리는 장관에게 지시했다.

"아이돌보미 공급 확대 방안을 조속히 마련해 보고하세요."

장관은 부처에 돌아오자마자 총리 지시사항을 전달하고, 그날부터 이행방안을 마련하라고 지시했다. 그러나 총리 지시사항 이행방안을 마련한다고 아이돌보미가 갑자기 늘어나는 일이 아니라는 것은 장관도 알고 있었다.

2024년 초, 총선을 앞두고 국회는 멈춰 있었고, 여성가족위원회 법안소위는 열릴 기약이 없어 보였다.

장관은 「아이돌봄지원법」 개정이 어렵다고 판단하고 이렇게 지시했다.

"아이돌보미 양성교육 시간을 20시간 이내로 단축하여 확대하는 방안을 검토하세요."

아이돌보미로 활동하기 위해서는 120시간의 양성교육을 의무적으로 받아야 한다. 반면 보육교사나 간호사 등 유사자격증 소지자는 40시간으로 단축된 양성교육을 이수하면 된다. 따라서 나는 총리 지시사항을 이행하고 아이돌보미를 신속하게 공급하기 위해 유사자격증 대상을 확대하기로 했다. 기존 유사자격증 소지자(보육교사, 간호사, 교사)를 '사회복지사와 요양보호사'까지 확대하기로 하고 「아이돌봄지원법」 시행규칙 개정을 추진했다. 그러나 장관은 유사자격증 소지자 확대를 넘어 아이돌보미 양성교육의 기본시간을 120시간에서 20시간 이내로 단축하여 아이돌보미를 더 신속하게 공급하는 방안을 검토하라고 지시했다.

「아이돌봄지원법」 시행규칙에 양성교육 시간(120시간)과 유사 자격증 소지자 양성교육 시간(40시간 이상)이 규정되어 있다. 법령 개정 없이 장관이 임의로 양성교육 시간을 단축하는 것은 현행법 위반이다. 만일 장관의 법령 위반 지시사항을 이행한다면 공공 아이돌봄서비스에 대한 국민의 신뢰는 무너질 것이고, 아동학대 사고가 발생하면 아이돌봄서비스를 제공하는 기관과 실무자가 그 책임을 떠안게 된다.

나는 장관의 위법한 지시사항에 대하여 아이돌봄서비스 제공 기관 등 현장의 반응을 들어보았다. 현장 관계자들은 한목소리로 문제제기를 했다. "단축된 양성교육을 이수한 아이돌보미는 근로계약을 체결할 수 없고 아동학대 등 문제가 발생하면 그 책임을 누가 질 겁니까? 부모들이 만일 이 사실을 알게 된다면 여성가족부에서 제공하는 아이돌봄서비스에 대한 신뢰가 한순간에 무너질 겁니다."

현장 관계자의 의견을 정리해 장관에게 보고했다. 그러나 장관은 "아이돌보미 양성교육의 기본시간 단축방안을 마련하라"고 재차 지시했다. 나는 장관에게 20시간의 양성교육을 이수한 아이돌보미는 120시간을 이수한 아이돌보미와 별도체계로 운영하는 방안을 보고했다. 그러나 장관은 받아들이지 않았다.

위기임산부 핫라인 구축

나는 공직에서 업무를 추진할 때 예상하지 못한 문제가 발생하면, 그 원인을 끝까지 추적해 해결책을 찾으려고 노력한다. 문제가 없기를 바라며 정책 개선을 미루거나 난관이 생기면 회피하지 않고 문제의 본질을 파고들어 실마리를 찾고자 했다. 이런 업무 태도 때문이었을까? 아니면 대상 중심의 여성가족부 업무가 기능 중심의 다른 부처와 중복되는 업무의 특성 때문이었을까? 업무를 추진하는 과정에서 타 부처와 종종 충돌했고, 그때마다 피하지 않고 정면으로 맞섰다.

2003년 영유아보육 업무 이관, 2008년 경력단절여성 재취업 지원 업무 공동추진, 2010년 아이돌봄서비스 업무 이관, 2015년 학교밖청소년 직업훈련 업무 이관, 여성청소년 생리대 지원 등 주요 정책을 추진하는 과정에서 타 부처와 맞서서 이견을 조율해야 했다. 특히 보건복지부의 아동·출산 정책과 여성가족부의 가족·청소년 정책은 경계가 모호해 양 부처에서 업무 충돌이 자주 발생했고, 2023년 하반기에 발생한 복지부와의 업무 충돌은 이후 내게 큰 고통과 상처를 주었다. 2023년 11월 '위기임산부 전화상담' 운영예산을 확보하는 과정에서 보건복지부와 강하게 충돌했고, 그 과정에서 나는 복지부 1차관과 직접 대립했다.

2023년 6월, 감사원은 '출생 미등록 아동' 감사결과를 발표했다. 최근 5년간 출생신고가 되지 않은 아동 2,123명 중 일부가 사망했거나 소재가 확인되지 않는다는 충격적인 사실이 드러났다. 감사결과는 사회적 파장이 컸고, 수년간 국회에서 표류하던 '출생통보제'와 '보호출산제'가 다시 논의되었다. 정부는 민관합동 범정부 TF를 구성해 출생 미등록 아동을 찾고, 위기임산부 및 출생아 보호대책을 마련하기로 했다. 우리 부는 임신·출산·양육 단계별 '위기임산부 보호대책'을 마련해 3차례 논의를 거쳐 확정했다. 핵심은 '위기임산부 핫라인 구축'이었다. 2019년 낙태죄 헌법불합치 결정 이후 미성년 위기임산부를 보호하기 위해 전화상담 서비스를 수도권 중심으로 시작했으며, 이를 전국으로 확대해 24시간 상담체계를 구축하려는 계획이었다.

2023년 8월, 복지부는 "위기임산부 핫라인은 여성가족부 소관이고 여성가족부에서 구축한 기존 인프라를 활용하겠다"고 했다. 국회 보건복지위원회 일부 의원들은 「보호출산법」을 제정하기 이전에 위기임산부 보호대책을 먼저 마련해야 한다고 했다. 이에 따라 복지부 1차관은 보건복지위원회 법안소위에서 위기임산부 보호대책을 설명해달라고 내게 요청했다. 우리 부 소관 상임위는 아니었지만, 누구보다 「보호출산법」 제정의 필요성을 잘 알고 있었기에 나는 보건복지위원회 법안소위에 참석해 위기임산부 보호대책과 핫라인 구축의 필요성을 설명했고, 추후 예산 반영도 협조해달라고 요청했다. 복지부 1차관도 협조를 약속했다.

그러니 「보호출산법」 제정 후 상황은 달라졌다. 복지부 1차관과 실무자는 법령 제정 협조에 감사 인사를 내게 전하면서도, 위기임산부 핫라인 운영예산은 복지부에 편성되어야 한다고 주장했다. 나는 복지부 1차관에게 직접 문제제기를 했고 복지부 1차관은 "실무자의 판단이고, 한 입으로 두 말하게 되어 미안하다"고 말했다. 그러나 핫라인 운영예산에 대한 입장은 바뀌지 않았다. 기획재정부도 "「보호출산법」 소관 부처인 복지부가 포기하지 않으면 여성가족부에 예산을 편성하기는 어렵다"고 했다. 결국 2024년 핫라인 운영예산은 복지부에 편성되었고, 우리 부가 2019년부터 수도권 중심으로 구축·운영해온 위기임산부 전화상담 서비스를 전국으로 확대하기는 어려워졌다. 우리 부는 2019년 낙태죄 헌법불합치 결정을 앞두고 독일의 임신갈등상담소를 벤치마킹해 위기임산부 전화상담 매뉴얼을 개발했고, 전화상담 서비스를 시작했다. 반면, 복지부는 낙태죄 헌법불합치 결정 이후 지금까지 어떤 대응도 하지 않았다. 그런데도 위기임산부 핫라인 운영예산은 복지부의 승리로 돌아갔다.

복지부와 예산을 두고 충돌이 계속되던 2023년 말, 신영숙 차관이 임명되었다. 나는 그녀가 나에 대해 부정적인 선입견을 가질 것이라고 예상했고, 실제로 취임 한 달도 지나지 않은 시점부터 외부회의와 차관 대면보고에서 나는 철저히 배제되었다. 그리고 2024년 2월 26일, 가족정책관 보직도 박탈당하고 본부로 대기발령을 받았다. 이후 우리 부가 운영하던 '위기임산부 전화상담'과 '1308 핫라인'마저 복지부로 이관되었다. '1308 핫라인'은 국민의힘 정책위의장에게 협조를 요청하여 과학기술부에서 간신히 얻은 4자리 번호다.

2024년 국정감사에서 김한규 의원이 신영숙 차관에게 질의했다.

"위기임산부는 어느 부처에서 담당하고 있습니까?"

"보건복지부입니다."

이어 "여성가족부의 업무가 복지부로 넘어간 것 아닙니까?"라는 질문에 신 차관은 "이관은 제가 취임하기 전에 이미 결정된 일입니다"라고 답했다. 그러나 그것은 사실이 아니었다.

위기임산부 전화상담 서비스는 전국으로 확대하는 예산을 확보하지 못했을 뿐, 나는 가족정책관 보직에서 해임되는 그날까지 17개 시도 가족센터와 연계하여 전국으로 확대하는 방안을 논의하고 있었다.

국정감사 이후 내 후임이 내게 전화를 걸어 물었다.

"국장님, 예산도 법적 근거도 없는데 위기임산부 핫라인을 어떻게 운영하시려고 했습니까?"

그 말을 듣는 순간 나는 더 참담했다.

2019년부터 운영 중인 위기임산부 전화상담의 법적 근거는 「한부모가족지원법」이고, 위기임산부 핫라인 전국 확대 예산은 다음 해에 획보하기 위해 노력을 해야지 예산을 확보하지 못했다고 복지부로 업무를 통째로 이관하는 것이 타당한가?

만일 2023년 11월 '위기임산부 핫라인' 운영예산을 두고 복지부 1차관(신영숙 차관 배우자)과 직접 맞서지 않고 다른 공직자처럼 업무를 이관했다면, 신영숙 차관은 나를 직무에서 배제도 하지 않고 보직 해임도 산하기관 파견도 하지 않았을까?

미혼모시설 현장방문에서 만난 김건희 여사

2023년 9월 27일, 추석 연휴를 앞두고 대통령 배우자인 김건희 여사의 미혼모시설 방문 행사를 준비했다. 당시 나는 가족정책관으로 여사의 미혼모시설 방문 행사를 총괄하고 있었다.

김건희 여사는 미혼모시설 간담회를 시작하기 위해 자리에 앉았다. 그리고 간담회장 주변에 서 있는 나를 보면서 말했다. "국장님 여기 있었네요. 내가 대통령 취임 후 얼마나 국장님을 찾았는데요. 왜 국장님은 나를 안 찾아왔어요?" 그러고는 내게 명함을 달라고 했다. 나는 순간 흠칫했다. 그녀는 어떻게 한번 본 나를 기억하고 있을까? 나는 "저를 기억하십니까?"라고 물었다.

그녀는 "그럼요, 기억하죠. 내가 대통령 취임 후 국장님을 얼마나 찾았는데요"라고 또 한 번 강조했다. 그리고 간담회장을 둘러보면서 대통령실 경호원과 수행원 그리고 사회수석실 행정관과 우리 부 실무자에게 "모든 공직자가 모두 열심히 일하지만, 여기 계시는 국장님은 더 훌륭한 공직자입니다"라고 했다. 나는 그녀가 왜 그런 말을 하는지 이해하기 어려웠다. 내가 훌륭한 공직자인지 아닌지 그녀는 알 수 없다. 나는 그녀와 딱 한 번 스쳐 지나가듯 만난 사이일 뿐인데 그녀는 나를 어떻게 기억하고 대통령 취임 후 왜 나를 찾았고 내가 훌륭한 공직자라고 칭찬하는 것일까? 의아하고 당황스러웠다.

2019년 9월 추석을 앞둔 당시는 조국 전 법무부 장관의 자녀 입학 문제가 한창 논란일 때였다. 나는 지인을 만나기 위해 조선호텔에 갔다. 그때 김건희 여사(당시 윤석열 검찰총장 배우자)와 동석하게 되었고, 그 자리에서 나눈 대화가 내 마음 한켠에 늘 남아 있었다.

김건희 여사는 내게 질문했다.

"정경심 교수가 동양대 총장 표창장을 위조했다는 것에 대하여 어떻게 생각하세요?"

나는 자녀 셋을 대학에 보낸 학부모이자 남편(대학교수)에게 들은 대학입시 관련 배경지식을 종합해서 답변했다.

"대학입시에서 대학 총장 표창장이 실제로 영향을 얼마나 미치는지 잘 모르겠습니다. 표창장이 꼭 필요했다면 위조하기보다 자격요건을 갖춰 정식으로 받는 것이 더 쉽지 않을까요? 정부에서도 매년 수백 장의 장관 표창장이 발급되는데, 사무관이 정부 포상 심사지침에 따라 심사하고 장관은 대부분 누가 받는지 잘 모릅니다."

그러자 김건희 여사는 다시 내게 물었다.

"만약 위조라면요?"

나는 "정말 위조되었다면 그건 범죄입니다"라고 했다.

그날 그녀와 나눈 대화는 그것이 전부였다. 그런데 김건희 여사는 그 대화를 기억하고 있었고, 대통령 취임 후 나를 찾았다고 말했다.

행사를 마치고 사무실로 복귀하면서 실무자들이 말했다.

"국장님, 곧 좋은 일 있으실 것 같아요. 김건희 여사가 국장님을 엄청 칭찬하고 찾았다고 하잖아요."

나는 실무자들에게 오늘 들은 말을 절대 발설하지 말라고 당부했다. 김건희 여사의 진의를 알 수 없었고, 왠지 모르게 마음 한켠이 서늘했다. 그리고 그 서늘함은 결국 현실이 되었다.

2023년 9월 김행 장관 후보자가 청문회 이후 자진 사퇴했고 사퇴 의사를 밝힌 김현숙 장관이 다시 장관직을 수행하게 되었다. 김현숙 장관은 잼버리 파행 후 의기소침해진 부 내부 분위기를 다잡기 위해 가족 정책 분야에서 성과를 내고자 했고 실장 승진도 검토 중이라고 보좌관이 전해주었다. 그러나 대통령실에서 두 차례 승진 보류 통보가 내려왔고 이유는 알 수 없다는 듯 고개를 갸웃했다.

이어 2023년 12월 말, 인사혁신처 출신 공직자가 우리 부 차관으로 임명되었다. 그런데 취임 한 달도 되지 않은 시점부터 차관은 아무 이유 없이 나를 업무에서 배제하기 시작했다. 당시 운영지원과장은 "대통령실이 우리 부를 바라보는 시각이 너무 험악하다"고 전했다. 이후 나는 보직에서 해임되었다.

대기발령 후 두 달이 지난 뒤, 퇴임한 김현숙 장관이 나의 어머니 장례식장에 찾아왔다. 그녀는 미안하다고 하면서, 남편(공주대학교 총장)을 통해 대통령 비서실장(공주 지역 국회의원)에게 나의 억울함을 전달하고 복직 요청을 하라고 제안했다. 자신은 민간인이 되어 대통령 비서실장에게 만나달라고 해도 만나주지 않을 것이라면서 나의 복직 권한은 신영숙 차관이 아니라 대통령실에서 갖고 있다고 했다.

나는 장관에게 사실도 잘 모르는 남편이 공적인 문제에 나서는 것은 맞지 않다고 했다. 그리고 내가 무슨 잘못을 했다고 대통령실에서 보직 해임했는지 물었다. 장관은 "장관직을 그만두지 않았다면 대통령실에 찾아가서 국장님은 그럴 사람이 아니라고 적극 해명하고 복직시켰을 것"이라고 하면서 장관을 그만둔 최고의 피해자가 나라고 했다.

이후 어느 날 대학 총장인 남편에게서 대학 업무로 대통령 비서실장을 만나던 중 나의 상황을 전했다고 들었다. 비서실장은 "왜 진작 얘기하지 않았냐"고 했다. 그러나 윤석열 정부가 무너지는 그날까지 나는 복직되지 않았다.

나는 가끔 상상해보았다. 2019년 9월, 김건희 여사의 질문에 반론하지 않고 적극 동조했다면 나는 윤석열 정부에서 대기발령도 받지 않았고, '더불어민주당과 가깝다'는 프레임도 씌워지지 않았을까?

2025년 5월 말, 김현숙 전 장관은 내게 전화를 했다. 그리고 "더불어민주당이 출범하면 국장님에게 좋은 일이 있을 겁니다"라고 하면서 위로해주었다. 그 말은 나에 대한 자신의 부담감을 덜어내기 위한 것이었을까?

장관 직무대행 체제에서의 인사 전횡

2024년 1월 26일 MBN 방송에서 우리 부 업무 관련 보도가 나왔다.

"21대 국회임기가 끝나가지만 여야가 발의한 '아동양육비 선지급제' 도입 법안이 처리되지 않고 있다. 여성가족부도 도입 계획이 없다."

이 보도 직후 김현숙 장관은 대통령실이 민생현안토론 과제로 '아동양육비 선지급제' 도입방안을 포함하라고 지시했으니 우리 부에서 도입방안을 검토 중이라고 설명자료를 즉시 배포하라고 지시했다. 이후 '연합뉴스'는 '여성가족부, 아동양육비 선지급제 연내 시행 가능'이라는 기사를 보도했다. 그러나 예산 협의와 회수방안 마련 등 준비를 감안하면 연내 시행은 사실상 불가능했다. 따라서 '연합뉴스'에 기사 수정을 요청하는 사이 다른 언론사들이 같은 제목으로 기사를 대부분 송출했다.

월요일 아침, 차관 주재 간부회의 중 대통령실 복지비서관이 격앙된 목소리로 전화를 했다.

"여성가족부에서 아직 준비도 안 된 걸 왜 설레발쳐서 기사화했습니까?"

대통령실은 우리 부에서 '연내 시행'을 주장한 것으로 오해하고 있었다. 나는 즉시 추진 경위를 정리해 복지비서관에게 전달했다.

"준비되지 않은 제도를 도입하겠다고 갑작스럽게 요구받아 우리 부도 당혹스러운 상황입니다."

그 뒤 사회수석실에서도 "선지급제 도입방안에 대해 부처 입장을 직접 설명해달라"고 요청해왔다. 그러나 나는 기존 현안(「아이돌봄서비스 고도화 방안」 등)으로 일정이 빠듯한 상황이었다. 그래서 실무자에게 선지급 지원대상, 지원방식 등 도입방안 보고서 작성을 지시하고 초안은 주말에 검토하기로 했다.

토요일 저녁 9시가 넘도록 보고서가 오지 않았다. 시간에 쫓기는 실무자에게 부담이 될까 봐 독촉하지도 못하고 기다렸다. 그러나 다음 날 차관에게 보고서를 전달해야 했기에 초조했다. 밤 10시가 넘어서야 보고서 초안이 도착했다. 그러나 보고서 초안은 내가 예상한 것보다 훨씬 더 미흡했다. 짧은 시간에 신규 제도의 도입방안을 검토하고 정리하는 실무자의 고충이 컸을 것이다.

나는 실무자가 보낸 보고서 초안에서 선지급 지원대상과 단가를 기준으로 세 가지 대안을 만들고 재정추계와 장단점을 보완했다. 그리고 다음 날 오전, 신영숙 차관에게 수정된 보고서를 메일로 전달하면서 문자를 보냈다.

"시간이 부족해 보고서가 많이 미흡합니다. 검토 후 보완사항을 지시해주시면 반영하여 보완하겠습니다." 그러나 신 차관은 아무런 회신도 하지 않았다.

월요일 아침, 신 차관은 장관에게 직접 보고했다. 이후 장관은 내게 이렇게 말했다. "국장님이 보고서를 부실하게 검토했다며 차관님이 불만이 크네요."

나는 "아동양육비 선지급제는 그동안 우리 부에서 검토하지 않았던 신규 정책이고 제가 검토할 시간도 너무 부족했습니다"라고 설명했다. 장관도 이해하며 앞으로 함께 논의하면서 보완해나가자고 했다.

다음 날 오전, 사회수석 보고가 예정된 날이었다. 나는 장차관에게 사회수석 보고 전에 다시 한번 최종 보고를 하고 오후 2시 사회수석 보고에 대비하기 위해 한부모 기초통계 등 참고자료를 준비하고 있었다.

그때 담당과장이 급히 달려왔다. 그리고 "차관님이 오늘 사회수석 보고에 국장님은 참석하지 말라고 하셨습니다"라고 전달했다.

나는 곧바로 차관실로 내려갔다. "차관님, 사회수석 보고에 담당국장이 참석하지 못하는 이유가 무엇입니까?"라고 물었다.

신 차관은 "국장 머릿속에 들어 있는 내용이 보고서에 다 담기지 않은 책임을 져야죠"라고 했다.

나는 당황스러웠다. "어떤 내용이 보고서에 담기지 않았다는 것인지 모르겠습니다. 차관님께서 주말에 보고서 보완지시가 없어서 더 보완하지 않았습니다."

그러자 신 차관은 목소리를 더 높이면서 "당장 차관실에서 나가세요"라고 했다.

그날부터 외부회의 참석은 물론이고 차관과의 대면보고도 금지되었다. 업무지시는 과장을 통해서 우회적으로 전달되었고, 심지어 차관 비서를 통해 "차관에게 전화도 문자도 하지 말라"는 지시까지 전달되었다.

나는 신 차관 취임 이후 한 달 동안 세 차례만 대면보고를 했다. 신 차관은 업무보고를 메모보고 형식으로 받았고, 대면보고는 차관이 요청할 때만 허용되었다. 한 달 동안 한 차례도 정책적 이견으로 충돌한 적이 없었다. 그런데 사회수석 보고 당일 갑자기 신 차관은 아무런 설명도 없이 회의 참석을 막았다. 그날 이후 외부회의 참석은 물론 대면보고조차 전면 금지되었고, 철저한 업무배제가 시작되었다. 수차례 면담을 요청했지만 신 차관은 응하지 않았다.

그리고 신 차관은 고위공무원단 인사규정 제18조 제8호(근무

평정 저조, 비위, 직무태만)를 적용해 나를 본부로 대기발령 인사조치했다. 그러나 나는 그 인사규정에 해당할 만한 사유가 없다. 이 규정에 해당하는 사유가 있었다면 신 차관은 징계위원회에 회부했을 것이다. 기관장이 정당한 법적 근거 없이 대기발령을 명령한 것은 명백한 직권남용이며, 부당한 인사처분이다.

내가 보직 해임 및 산하기관 좌천된 뒤 2년이 넘도록 여성가족부는 국장 자리를 공석으로 두고 있다. 이는 행정 공백이자 예산 낭비다.

운영지원과장에게 대기발령 사유를 묻자 돌아온 답변은 "저도 모릅니다. 다만 고위공무원단 인사규정상 기관장은 재량으로 고위공무원에게 보직을 부여하지 않을 수 있습니다"라고 했다.

그러나 기관장의 재량권은 이 규정에 해당하는 사유가 있을 때 가능한 권한이다.

나의 대기발령 사유는 시간에 따라 계속 바뀌었다. 처음에는 "모른다"였다. 그다음에는 "차관에게 항명했다", "실장 승진 탈락에 불만을 품고 사직 의사를 밝혔다", "하극상을 했다", "휴가를 내고 중요한 회의에 참석하지 않은 무책임하고 무능한 공직자다".

그러나 대기발령 사유는 시간이 흐르며 바뀔 수 있는 것이 아니다. 도대체 누가, 어떤 의도로 그 사유를 바꾸고 퍼뜨리고 있을까?

신영숙 차관은 여성가족부를 떠나는 날까지 나와 한 번도 면담하지 않았다. 대기발령 사유에 대해서도 끝내 설명하지 않았다.

왜 그녀는 자신의 인사 조치를 당사자에게 당당히 설명하지 못했을까? 왜 그녀는 37년 동안 성실하게 일해온 공직자에게 잔혹한 상처를 남기고 떠났을까?

윤석열 정부의 행정은 참으로 이해하기 어려웠다. 법과 절차는 뒷순위로 밀려났고, 행정은 원칙에 따라 작동하지 않았다. 그에 따른 가장 큰 피해자는 국민이다. 준비되지 않은 제도는 현장에서 제대로 작동하지 않고, 그 혼란은 고스란히 국민의 삶으로 전가된다.

개인적으로 나 또한 아무런 설명도 없이 업무에서 배제되었고, 2년 동안 일할 기회도 주어지지 않았고, 급여마저 감액되었다. 성실하게 일해온 공직자로서 감내하기 어려운 상처였다. 그러나 개인의 고통보다 더 견디기 힘든 것은 공직사회가 이토록 원칙 없이 작동할 수 있다는 사실이다.

행정은 개인의 기분이나 정치적 필요에 따라 움직여서는 안 된다. 공직은 헌법과 국민에 대한 책무로 존재한다. 법률에 기반하고 국민에게 필요한지가 기준이 되어야 한다. 그 기준이 무너질 때 행정은 기괴해지고, 국민은 이유도 모른 채 피해를 입게 된다.

다시는 이렇듯 비상식적인 행정이 반복되지 않기를 바란다. 공직자의 자리는 언제든 바뀔 수 있지만, 행정의 원칙만큼은 흔들려서는 안 된다. 원칙이 무너지는 순간, 피해는 고스란히 국민에게 돌아가기 때문이다.

주요 정책을 위한 제언

영유아보육서비스

2003년 11월 서울시에서 여성부로 전입한 이후, 어린이집 업무 이관을 시작으로 영유아보육 정책 전반을 재설계했다. 국공립 중심의 정부지원 체계를 아동을 중심으로 개편하고, 보육시설 평가인증 제도를 도입하여 보육의 공공성과 책임성을 강화하고 어린이집의 양적 확대와 함께 질적 기반을 개선했다.

그러나 영유아보육 행정체계는 정부가 바뀔 때마다 반복적으로 변경되었다. 이명박 정부 출범 이후 어린이집 업무는 다시 보건복지부로 이관되었고, 2022년 윤석열 정부 출범 이후에는 유치원과 어린이집 관리체계가 교육부로 통합되었다. 유치원·어린이집 통합은 행정 효율성 측면에서는 의미가 있지만 영유아 발달 특성을 충분히 고려하지 않는다면 또 다른 정책적 공백을 만들 수 있다는 점에서 숙제를 남기고 있다.

- **'영유아보육서비스'를 위한 제언**

첫째, 영유아보육과 교육의 통합은 아동의 연령별 발달 특성을 고려해야 한다.

보육과 교육의 연계는 필요하지만 2세 이하 영아보육까지 교육 중심의 행정체계로 일괄 통합하는 데에는 한계가 있다. 영아기는 학습 성과보다는 돌봄과 발달 지원이 절대적으로 중요한 시기이며 건강·안전·정서적 안정이 정책의 핵심이 되어야 한다. 따라서 영아보육은 유아교육과 구분된 정책적 관점과 운영 기준을 유지하고 연령 상승에 따라 자연스럽게 교육체계로 연결되는 구조가 바람직하다.

둘째, 아이돌봄서비스와 시설보육 간 정책 연계를 강화해야 한다.

아이돌봄서비스는 시설을 이용하기 어려운 가정의 양육 부담을 완화하는 돌봄 정책임에도 현재는 시설보육 정책과 분절적으로 운영되고 있다. 아이돌봄서비스는 어린이집과 대체 관계가 아니라 생애주기와 가정 여건에 따라 선택과 이동이 가능한 상호 보완적 돌봄체계다. 가정양육, 시설보육 간 이동이 자연스럽게 이루어질 수 있도록 돌봄서비스 간 연계체계를 강화하고 부모가 자녀의 발달 단계와 가정 여건에 맞는 돌봄 방식을 선택할 수 있도록 정부지원 체계를 통합적으로 설계하여 맞벌이 가구의 선택권을 넓히는 동시에 돌봄 공백을 최소화하는 방향이어야 한다.

셋째, 보육 인력의 전문성과 처우 개선이 강화되어야 한다.

보육서비스의 질은 시설이나 제도가 아니라 돌봄인력의 전문성에 의해 결정된다. 보육교사의 전문성 강화, 근무환경 개선, 합리적인 보수체계 구축은 소관 부처가 어디인지와 관계없이 흔들림 없이 추진되어야 할 핵심 과제다. 행정체계는 바뀔 수 있지만, 보육인력에 대한 국가의 책임은 일관되어야 한다. 보육교사가 존중받지 못하는 보육 정책은 어떤 제도 개편으로도 성공할 수 없다.

영유아보육 정책의 핵심은 '어느 부처가 맡느냐'가 아니라, '아이의 삶을 중심에 두고 설계되었는가'이다. 행정 효율성은 수단이지 목적이 아니다. 영아기의 돌봄과 발달이라는 본질이 흔들리지 않도록, 보육 정책은 언제나 아동의 연령과 발달 특성에서 출발해야 한다.

아이돌봄서비스

맞벌이가구의 출퇴근 시간대에 발생하는 돌봄공백을 해소하기 위해 도입된 아이돌봄서비스는 이용자 만족도와 지속 이용 희망률이 90% 이상을 기록하는 등 국민에게 매우 유용한 자녀돌봄 제도로 자리를 잡았다. 따라서 이용수요는 지속적으로 증가하고 있으나 돌봄인력 공급이 부족하여 제도의 지속가능성이 위협받고 있다. 현재 아이돌봄서비스가 직면한 가장 시급한 과제는 돌봄인력 부족이라는 구조적 문제를 해소하는 것이다.

- **'아이돌봄서비스'를 위한 제언**

  첫째, 공공 아이돌보미 인력 부족의 구조를 근본적으로 재설계해야 한다.

  현재 공공 아이돌보미 부족은 낮은 돌봄수당, 짧고 불안정한 근무시간, 서비스 제공기관의 노무관리 부담, 경직된 서비스 제공기관 지정 방식 등 복합적인 요인에서 비롯된다. 따라서 아이돌보미 양성 확대만으로는 이 문제를 해결할 수 없다. 아이돌보미의 노동이 지속가능한 일사리기 되도록 돌봄수당을 현실화하고, 돌봄수당 인상이 이

용가구의 부담으로 전가되지 않도록 정부의 재정지원이 확대되어야
한다.

**둘째, 공공 아이돌봄서비스 중심의 독점적 공급 구조에서 민간
돌봄인력을 적극 활용해야 한다.**

공공 서비스만으로는 증가하는 맞벌이가구의 돌봄수요를 충족하
기 어렵다. 이미 상당수의 민간 돌봄인력이 있고, 2025년 「아이돌봄
지원법」 개정으로 제도권 안으로 포함되었다. 이제 민간 돌봄인력도
공공 아이돌보미와 동일하게 양성교육을 이수하고 범죄경력 및 건
강상태 확인 등 국가의 자격 기준을 적용받도록 함으로써 돌봄의 안
전성과 신뢰성이 확보된 만큼 민간 돌봄인력을 적극 활용하는 쪽으
로 정책 방향을 재설계해야 한다.

**셋째, 돌봄서비스에 대한 정부 재정지원 기준은 '기관 유형'이 아
니라 '이용 가구'를 중심으로 재편되어야 한다.**

현재는 공공기관을 통해 제공되는 아이돌봄서비스만 정부 지원대
상이 되고, 민간기관을 이용하는 가구는 지원대상에서 제외되는 구
조다. 이는 동일한 아이돌봄이 필요한 가구 간에 정부 재정지원의 형
평성 문제를 초래한다. 2025년 3월 「아이돌봄지원법」 개정을 통해
공공·민간 구분 없이 돌봄인력의 자격과 기준이 국가 관리체계로 통
합된 만큼 이제 정부의 재정지원 기준이 기관 유형이 아니라 이용 가

구의 소득수준과 돌봄 필요를 기준으로 설계되어야 한다.

넷째, 민간 아이돌봄서비스에 대한 이용단가 규제와 품질관리 기준이 동시에 마련되어야 한다.

정부의 재정지원이 민간 돌봄비용 인상으로 전가되지 않도록 민간 돌봄서비스 비용의 합리적인 상한선을 설정해야 한다. 동시에 영유아를 가정에서 1:1로 돌보는 서비스 특성을 고려해 현장 모니터링과 평가 결과 공개 등 체계적인 품질관리 시스템을 구축해야 한다. 비용관리와 품질관리는 반드시 함께 설계되어야 한다.

다섯째, 아이돌봄서비스에 대한 경제적 부담 완화를 위한 조세지원이 필요하다.

어린이집·유치원 등 다수의 보육·교육 서비스는 정부의 재정지원과 함께 연말특별세액공제 대상에 포함되는 반면, 아이돌봄서비스 이용료는 특별세액공제 대상에서 제외되어 있다. 그러나 맞벌이가구에게 아이돌봄서비스는 선택이 아니라 필수적인 돌봄이다. 이러한 점을 고려하여 아이돌봄서비스 이용료의 자기부담금을 연말 특별세액공제 대상에 포함하는 방안이 검토되어야 한다.

아이돌봄서비스는 맞벌이가구의 노동 지속과 저출생 대응을 뒷받침하는 핵심 돌봄 인프라다. 정책의 성패는 공급 구조를 얼

마나 지속가능하게 설계하느냐에 달려 있다. 또한 공공과 민간을
포괄하는 돌봄 생태계를 어떻게 구축할지 검토해야 한다.

공동육아나눔터

공동육아나눔터는 부모와 아이가 함께 이용하는 참여형·공동체형 돌봄공간으로, 전통적인 보육시설과는 구별되는 '돌봄 커뮤니티 인프라'다. 부모가 아이를 맡기고 돌아가는 시설이 아니라, 부모가 돌봄의 주체가 되어 또래 부모와 육아 경험과 정보를 나누고, 재능기부와 품앗이를 통해 상호 돌봄을 실현하는 새로운 형태의 돌봄 정책이다.

또한 공동육아나눔터는 주민센터, 아파트 커뮤니티 공간, 작은 도서관 등 소규모 유휴 공간을 활용하여 설치비와 운영비를 최소화하면서도 지역 특성에 맞게 유연하게 확장할 수 있다는 점에서 저비용·고효율의 새로운 지역 기반 돌봄 모델로 확장성이 높다.

- **'공동육아나눔터'를 위한 제언**

첫째, 공동육아나눔터는 부모 커뮤니티 기반 돌봄 인프라다.

공동육아나눔터는 보육교사가 아이를 대신 돌보는 시설이 아니다. 부모가 아이와 함께 공간을 이용하며 또래 가족과 관계를 형성하고 돌봄의 부담과 육아 경험을 나누는 참여형 공간이다. 따라서 공동육아나눔터의 정책 목적과 운영 원리를 명확히 이해하고 과도한 시설 기준이나 인력 규제를 배제하고 자율성과 참여성을 보장해야 한다.

둘째, 공동육아나눔터는 독박육아의 정서적 고립 해소가 목표다.

출산과 육아 과정에서 부모가 겪는 고립감과 불안은 개인의 문제가 아니라 사회적 개입이 필요한 구조적 위험요인이다. 특히 영유아기 부모의 정서적 고립은 양육 스트레스 증가, 부모 우울, 양육 자신감 저하로 이어질 수 있다. 공동육아나눔터는 또래 부모 간 상호작용과 육아 경험 공유를 통해 육아 불안을 완화하고, 부모의 자녀양육 역량과 심리적 안정감을 회복하는 데 실질적인 역할을 할 수 있다. 따라서 공동육아나눔터는 단순한 돌봄공간이 아니라 부모의 정서적 안전망을 구축하는 정책 수단으로 인식되어야 한다.

셋째, 저비용·고효율의 공동육아나눔터 모델을 지역 돌봄 정책의 핵심 인프라로 확대해야 한다.

공동육아나눔터는 신규 부지 매입이나 상시 인력 채용 없이도 기존 유휴 공간을 활용해 조성할 수 있어, 재정 여력이 제한적인 지방자치단체에서도 충분히 확산 가능한 모델이다. 소규모 신도시, 농어촌 지역, 격오지 등 기존 보육 인프라 구축이 어려운 지역에서도 현실적인 대안이 될 수 있다. 따라서 공동육아나눔터를 기존 보육서비스의 '보조적 수단'이 아니라, 지역 돌봄 정책의 핵심 인프라로 재정립하고 안정적인 운영 기반을 마련해야 한다.

공동육아나눔터는 '누가 대신 아이를 돌봐줄 것인가'를 위한 시설이 아니라, '어떻게 함께 아이를 키울 것인가'에 관한 대안이다. 2030 청년세대는 아이를 직접 키우기를 원한다. 그러나 돌봄인력 부족과 저출생이 구조화된 현실에서 개인과 가정의 노력만으로 양육을 감당하기는 어렵다. 이런 상황에서 공동육아나눔터와 같은 관계 기반 돌봄 인프라는 보육시설을 보완하는 것이 아니라 지역사회에서 양육 부담을 이웃과 함께 나누면서 관계를 회복하기 위한 필수 인프라로 확장되어야 한다.

여성새로일하기센터

나는 결혼과 출산, 육아로 경력이 단절된 여성들이 다시 노동시장으로 돌아오기 위한 한 발짝을 내딛을 수 있도록 돕고 싶었다. 그래서 2008년 '여성새로일하기센터 운영모형'을 설계했고, 여성의 일자리는 개인의 생계 문제를 넘어 사회의 지속가능성을 좌우하는 핵심 정책 과제라고 생각했다.

여성새로일하기센터는 경력단절여성에게 다시 일할 수 있다는 가능성을 보여주는 정책이었다. 그러나 오늘날 산업 환경은 이 정책을 처음 구상하던 시기와는 비교할 수 없을 만큼 빠르게 변화하고 있다. AI와 디지털 기술의 확산은 일의 방식과 고용 형태를 재편하고 있으며 일자리의 개념이 크게 바뀌고 있다. 이러한 변화 속에서 여성새로일하기센터의 기능은 '재취업 지원'에 머물러서는 안 된다. 이제 여성의 삶과 노동을 함께 설계하는 중장기 고용 지원 플랫폼으로의 전환이 필요하다.

그동안 여성새로일하기센터는 경력단절 이후 재취업 지원에 집중해 일정 부분 성과를 거두었다. 하지만 경력단절이 발생한 이후에 개입하는 방식으로는 여성의 노동시장 이탈을 구조적으로 줄이는 데 한계가 있다. 경력이 단절되기 이전 단계부터 개입하는 예방적 고용지원 기능이 강화되어야 한다.

- **'여성새로일하기센터'를 위한 제언**

  첫째, 여성의 경력단절을 예방하는 정책으로 발전해야 한다.

  재직 여성을 대상으로 한 고용유지 상담, 일·가정 양립 설계 컨설팅, 생애주기별 경력관리 지원을 통해 여성의 노동시장 이탈을 최소화하는 방향으로 정책의 중심을 이동시켜야 한다.

  둘째, 여성의 생애주기와 노동시장 변화를 반영한 맞춤형 지원 체계가 필요하다.

  청년 여성에게는 초기 경력 형성과 직무 역량 축적이, 중장년 여성에게는 경력 회복과 재설계가, 고령 여성에게는 일자리 접근성과 안정성이 핵심 과제가 된다. 따라서 단일한 취업 지원이 아니라, 대상별·생애주기별로 차별화된 고용지원 전략이 요구된다. 아울러 시간제·유연근무 등 다양한 고용 형태의 일자리를 적극 발굴하고, 디지털·신산업 분야로의 직무 전환을 지원함으로써 여성의 일자리 선택지를 확대해야 한다.

  셋째, 원스톱 지원모형의 질적 고도화가 필요하다.

  여성새로일하기센터의 강점인 '직업상담-직업훈련-취업연계-사후관리'로 이어지는 원스톱 지원체계는 유지하되, 형식적 연계에 머무르지 않도록 전문성을 강화해야 한다. 취업설계사와 직업상담사의 전문역량을 체계적으로 높이고, 산업별·기업별 네트워크를 확대하여 구직자에게 도움이 되는 취업 연계를 강화해야 한다. 사후관리 또한 단순한 취업 유지 여부 확인을 넘어 경력의 지속성과 성장까지 지원하는 구조로 발전해야 한다.

여성새로일하기센터는 단절된 경력을 다시 잇는 정책에서 출발했지만, 이제는 경력이 끊기지 않도록 설계하는 정책으로 발전해야 한다. 여성의 노동이 일시적 복귀가 아니라 지속가능한 선택이 될 때 여성의 삶과 노동시장은 함께 변화할 수 있다.

가족친화 인증기업

2008년부터 도입된 가족친화 인증 제도는 노동자의 일과 가정 양립을 지원하기 위한 대표적인 정책 수단으로 자리매김해왔다. 그러나 제도 시행 이후 15년이 지난 지금까지 가족친화 인증을 받은 기업은 전체 기업의 4%에 불과하다. 여전히 가족친화 직장문화는 정부·공공기관·대기업에 한정되어 있으며 다수의 중소기업 노동자에게는 '먼 이야기'로 남아 있다.

출산과 육아의 부담이 여성의 경력단절로 이어지지 않고, 청년 세대가 결혼과 출산을 포기하지 않으며 자녀 양육과 일을 병행하기 위해서는 가족친화 직장문화가 일부 모범 사례에 머물러서는 안 된다. 가족친화는 선택 가능한 복지가 아니라, 모든 노동자가 누려야 할 기본적인 노동 환경이어야 한다.

이를 위해 정부·공공기관·대기업 중심에 머물러 있는 가족친화 직장문화 조성을 중소기업까지 확산시킬 수 있는 실질적 정책 전환이 필요하다. 중소기업 노동자도 출산과 육아를 마음 놓고 선택할 수 있도록 법인세 감면 등 실효성 있는 인센티브를 적극 검토해야 한나.

　가족친화 인증 획득이 곧 가족친화 직장문화의 정착을 의미하지는 않는다. 이제 가족친화 인증 제도는 '인증의 확대'가 아니라 '제도의 작동'을 중심으로 재설계되어야 한다.

- **'가족친화 인증기업'을 위한 제언**

　첫째, 가족친화 인증을 '서류 중심'에서 '실행 중심'으로 전환해야 한다.

　현재의 가족친화 인증 심사기준은 제도 보유 여부를 확인하는 데 그치고 있어 노동자가 실제로 출산휴가·육아휴직·유연근무 등의 제도를 활용할 수 있는지 평가하기에는 충분하지 않다. 일·가정 양립 제도의 존재 여부가 아니라 노동자의 실제 이용률과 현장에서 작동하는지 여부를 인증 심사기준에 반영하는 방향으로 전환되어야 한다. 제도는 '있다'는 사실보다 '쓰일 수 있는가'가 중요하다.

　둘째, 유연근무 제도를 정착시키기 위해 직장문화 개선이 병행되어야 한다.

　유연근무제는 특정 집단을 위한 예외적 배려가 아니라, 모든 노동자 삶의 균형을 가능하게 하는 핵심 노동 조건이다. 이를 위해서는 근무시간 중심의 관리 방식에서 벗어나 성과 중심의 평가체계로 전환하고, 상사의 인식 개선과 조직 내 신뢰 기반 문화 형성이 병행되어야 한다. 기업에서 가족친화 인증은 목적이 아니라 출발점이며 제도가 실제로 작동하는 조직문화가 함께 변해야 한다.

셋째, 중소기업 특성을 반영한 맞춤형 지원과 실질적 인센티브가 필요하다.

중소기업 내 가족친화 제도의 필요성에 대한 인식은 점차 확산되고 있으나 인력과 재정 여건의 한계로 제도 실행에는 어려움을 겪고 있다. 따라서 중소기업이 가족친화 제도를 도입하고 운영하는 데 따른 경제적 부담을 완화할 수 있도록 법인세 감면, 컨설팅 지원 등 실질적인 정책 지원이 강화되어야 한다.

넷째, 가족친화 인증 제도는 지속가능한 노동시장 전략으로 인식되어야 한다.

가족친화 인증 제도는 단순한 여성 정책이나 출산 장려 정책이 아니다. 이는 청년세대 인재를 유치하고 노동시장의 지속가능성을 높이기 위한 핵심 정책 수단이다. 결혼 여부나 성별에 따라 제한되는 제도가 아니라 비혼 남녀를 포함한 모든 노동자의 삶의 질을 높이고 기업의 경쟁력을 강화하는 전략으로 정책 인식이 전환되어야 한다.

가족친화 직장문화는 출산과 육아를 위한 특별한 배려가 아니라, 일하는 삶의 기본 조건이다. 인증의 숫자를 늘리는 것보다 중요한 것은, 그 인증이 현장에서 실제로 작동하고 있는가이다. 이제 가족친화 인증 제도는 형식의 제도를 넘어 일과 삶이 공존할 수 있는 노동시장 구조를 만들어가는 정책으로 발전해야 한다.

제 가족친화 인증 제도는 형식의 제도를 넘어 일과 삶이 공존할 수 있는 노동시장 구조를 만들어가는 정책으로 발전해야 한다.

가족 정책

우리 사회의 가족은 하나의 모습으로 규정될 수 없을 만큼 다양해졌다. 비혼 출산, 사실혼과 동거 관계, 한부모·조손·다문화·1인 가구 등 다양한 가족 형태는 이미 일상의 삶으로 자리 잡고 있다. 그러나 「민법」과 「건강가정기본법」은 여전히 혼인 관계를 중심으로 가족을 정의하고 있으며, 그 결과 상당수의 가족은 법과 제도의 보호 밖에 놓여 있다.

정치권과 정부 또한 이러한 문제의식을 공유하고 있는데도, 종교계와 일부 집단의 반발 등 사회적 갈등으로 법령 개정과 제도 개선은 오랫동안 제자리걸음을 해왔다. 그사이 제도가 보호하지 못하는 가족은 일상에서 차별과 불이익을 받고, 법과 현실 사이의 간극은 점점 더 벌어지고 있다.

이제 가족의 법적 정의는 '혼인 여부'가 아니라, 함께 살고 돌보며 책임을 나누는 생활공동체라는 관점으로 전환되어야 한다. 가족의 형태가 아니라 가족이 수행하는 기능과 관계가 제도의 기준이 되어야 한다. 이를 위해 「민법」 제779조와 「건강가정기본법」 제3조는 개정되어야 하며, 혼중자·혼외자와 같은 차별적 법률 용어도 폐지되어야 한다. 이러한 법 언어는 더 이상 현실을 설명하지 못할 뿐 아니라 차별을 제도적으로 고착시키고 있다.

이러한 문제의식 위에서 추진된 것이 '건강가정지원센터'와 '다문화가족지원센터'의 통합이었다. 이는 단순한 조직 통합이 아니라, 가족을 유형별로 구분하던 기존 전달체계를 가족을 구분하지 않는 보편적 전달체계로 전환하기 위한 정책적 선택이었다. 두 센터의 이원화는 가족을 유형별로 나누어 지원해온 정책 논리와 공직사회의 칸막이 관행이 만들어낸 결과였다.

통합 과정에서 자율적 통합을 원칙으로 하고, 센터 예산 확대와 종사자 처우 개선을 병행함으로써 현장의 혼란과 저항을 최소화하고자 했다. 가족 정책 전달체계의 통합은 특정 가족 유형 중심의 선별적 지원에서 벗어나, 모든 가족을 대상으로 하는 보편적 가족서비스 모델로의 전환을 의미한다.

그러나 통합 '가족센터'는 '가족의 정의'를 둘러싼 사회적 갈등으로 인해 법적 근거가 명확히 마련되지 못한 채 운영되고 있다. 그 결과 가족센터는 모든 가족을 대상으로 서비스를 제공하면서도 제도적으로는 불완전한 기반 위에 놓여 있다. 가족센터가 명실상부한 보편적 가족 정책 전달체계로 기능하기 위해서는 법적 근거를 분명히 마련하고, 지역 여건과 수요를 반영한 자율적 운영 시스템을 제도적으로 보장해야 한다.

아울러 가족센터 건립 지원은 선례가 없다는 이유로 외면되던 정책이라 하더라도, 공직자의 적극적인 행정과 정책적 상상력이 결합되면 국가 정책으로 확장될 수 있음을 보여준 사례이기도 하다. 공직자의 역할은 기존 규칙을 반복하는 데 있지 않다. 변화하는 사회 현실에 맞게, 선례가 없는 새로운 규칙을 설계하는 것이 공직자의 책무다.

한편 한부모 가족에 대한 아동양육비 지원체계 역시 재정비가 필요하다. 현재 한부모 아동양육비는 부모급여, 아동수당 등 정부의 현금성 지원과 분절적으로 운영됨으로써 아동의 성장 단계에 따라 지원 공백이 발생하고 있다. 특히 아동기에서 청소년기로 이행하는 과정에서 양육비 부담은 증가하지만 지원은 오히려 줄어드는 구조적인 문제가 있다. 한부모 아동양육비 지원은 기존 현금성 지원과 통합적으로 설계하고, 아동의 연령과 가구의 소득 수준을 반영한 구조로 개편함으로써 한부모 가구의 양육 부담을 실질적으로 완화해야 한다.

반면 한부모시설 무상 아이돌봄서비스는 이러한 원칙이 지켜지지 않았을 때 나타난 정책 실패 사례다. 충분한 수요 분석 없이 정치적 메시지에 치우쳐 설계된 정책은 현장에서 작동하지 않는다. 해당 예산은 실제 이용 가능성과 수요에 대한 면밀한 검토 없이 편성되었고, 결국 예산 불용이라는 예고된 결과로 귀결되었다. 정책은 의도가 아니라 누가, 얼마나, 어떤 방식으로 이용할 것인가에 대한 개관적 분석 위에서 설계되어야 한다.

도시락 하나가 닫힌 마음을 열기도 한다. 가족 정책은 거창한 제도보다 사람의 일상에 먼저 닿을 때 비로소 작동하기도 한다. 공직자가 선례가 없다는 이유로 정책 설계를 주저한다면 국민의 삶은 결코 변화하지 않는다. 특히 재난 상황에서 행정은 '무엇을 지원하느냐'보다 '어떻게 다가가느냐'가 더욱 중요하다.

2014년 세월호 참사 당시, 정부에 대한 깊은 불신으로 마음의 문을 닫았던 안산 단원고등학교 유가족들에게 처음 건넨 것은 설명서도 제도도 아니라 도시락이었다. 그 도시락은 정부가 유가족의 고통과 일상 곁에 함께 있겠다는 최소한의 신호였고, 행정이 신뢰를 회복할 수 있는 출발점이었다. 행정은 언제나 사람의 마음에 닿을 수 있는 통로를 먼저 찾아야 한다.

가족은 제도가 정해놓은 틀 안에서만 존재하지 않는다. 모습은 달라도 함께 살아가고 서로를 돌보는 관계라면 그것은 가족이다. 법과 정책은 삶의 속도를 따라가야 하며, 공직자는 변화의 뒤가 아니라 앞에서 길을 만들어야 한다.

아동양육비 선지급제

아동양육비 선지급 제도는 양육비를 받지 못하는 한부모 가구의 아동을 국가에서 보호하겠다는 점에서 분명한 진전이다. 그러나 제도의 취지와 달리, 현재 시행되는 선지급 제도는 기존 저소득층 한부모 아동양육비 지원체계와 정합적으로 설계되지 못한 채 도입되었다. 그 결과 정부 지원 대상 간 형평성 문제와 제도의 사각지대가 동시에 발생할 우려가 있다.

아동양육비 선지급 제도는 특정 가족 유형에 대한 예외적 지원으로 운영되어서는 안 되고 한부모 아동양육 지원체계의 한 축으로 자리매김되어야 한다. 이를 위해서는 기존 저소득층 한부모 아동양육비 지원 제도와의 관계를 포함한 정책 구조 전반을 재설계하는 일이 선행되어야 한다.

- **'아동양육비 선지급제'를 위한 제언**

  첫째, 지원대상의 보편성과 형평성을 강화해야 한다.

  현행 아동양육비 선지급 제도는 '양육비 채권이 있는 이혼 한부모'만을 지원대상으로 규정하여, 사별·미혼 한부모와 양육비 채권이 없는 이혼 한부모는 제도에서 배제되고 있다. 이는 실질적으로 동일한 양육 책임을 지고 있음에도, 가족 형성 방식이나 이혼 경로에 따라 정부지원 여부가 달라지는 문제를 초래한다.

양육비 선지급의 기준은 독일처럼 사별·미혼 한부모까지 제도에 포함하고, 객관적으로 보아 채무자의 지불 능력이 없을 때는 구상권을 면제하거나 유예함으로써 제도의 사각지대를 최소화해야 한다. 이를 위해 저소득층 한부모 아동양육비 지원 제도와 선지급 제도를 통합적인 관점에서 재설계해야 한다.

둘째, 회수 중심에서 '행정 효율성 중심'으로 전환해야 한다.

과거 한시적으로 운영된 아동양육비 긴급지원 제도는 회수율이 극히 낮았으며 지불 능력이 없는 채무자를 대상으로 한 반복적인 관리와 징수 시도로 과도한 행정비용이 발생했다. 이러한 구조는 아동양육비 선지급 제도에서도 반복될 가능성이 크다. 따라서 채무자의 지불 능력을 기준으로 구상권 면제 또는 유예 제도를 도입해 회수가 불가능한 채무에 대한 형식적 징수를 중단하고 행정비용을 최소화해야 한다. 제도의 목적은 '채무 회수'가 아니라 '아동의 안정적인 양육환경 확보'가 되어야 한다.

셋째, 운영체계는 지방자치단체 중심으로 통합해야 한다.

현재 저소득층 한부모 아동양육비는 지방자치단체가 운영하고, 양육비 선지급 제도는 양육비이행관리원이 운영하는 이원화 구조다. 이로 인해 동일한 정책 대상에게 중복 행정이 발생하고 있으며 현금성 급여를 공공기관이 직접 집행하는 구조 역시 행정 책임성과 지속 가능성 측면에서 재검토해야 한다.

현금성 아동양육비 지원은 지방자치단체 중심으로 통합 운영하는 것이 바람직하며 양육비이행관리원은 양육비 채권 확보, 이행 지원, 징수에 특화된 전문기관으로 기능을 재정립해야 한다. 아울러 선지급 예산 역시 국비 단독 구조의 타당성을 검토하고 국비·지방비 분담 체계로 전환하는 방안을 검토해야 한다.

넷째, 도덕적 해이를 방지할 실질적 장치를 마련해야 한다.

선지급제는 국가에서 한부모 가구의 아동양육비를 먼저 책임지는 제도인 만큼 채무자의 책임을 약화시키는 제도로 작동해서는 안 된다. 기존 제도는 채무 불이행에 따른 실질적 불이익이 제한적이었고 그 결과 양육비 이행에 대한 사회적 책임 의식 역시 충분히 형성되지 못했다.

미국과 프랑스처럼 양육비 이행에 소요되는 행정비용을 채무자에게 수수료 형태로 부과하고 장기 불이행 시 신용정보 등록이나 행정 제재 등 실효성 있는 불이익 체계를 병행함으로써 양육비 이행의 책임성을 강화해야 한다.

다섯째, 선지급 외에 '직접 징수형 대체모델'을 병행해야 한다.

선지급 제도는 모든 한부모 가구를 포괄하기 어렵다는 점에서 단일 모델로는 한계가 있다. 선지급 대상에서 제외된 한부모 가구는 제도적 대안이 마련되어야 한다.

이를 위해 한부모 가구의 신청에 따라 양육비이행관리원이 양육비를 직접 징수해 지급하는 '직접 징수형 대체모델'을 병행 운영할 필요가 있다. 이는 선지급 제도의 사각지대를 보완하는 동시에 비양육자의 자녀양육 책임을 제도적으로 강화하는 수단이 될 수 있다.

아동양육비 선지급 제도는 단순한 현금 지원 정책이 아니다. 이는 국가가 아동의 삶을 먼저 책임지겠다는 사회적 약속이다. 그 약속이 지속가능하기 위해서는 보편성·형평성·행정 효율성·책임성이 유기적으로 결합되어야 한다. 선지급이라는 선택이 제도의 불균형을 확대하는 계기가 아니라 한부모 아동양육 지원체계를 한 단계 성숙시키는 전환점이 되기 위해서는 한부모 아동양육 지원 정책 설계 전반을 재점검해야 한다.

학교밖청소년 정책

학교밖청소년 정책은 이미 존재하고 있었지만 국가의 제도 안에서는 보이지 않았던 청소년을 발견해가는 과정이었다. 국가의 시스템에서 이름조차 없던 아이들을 정책의 언어로 불러내는 일, 그리고 공직자의 작은 문제의식과 집요한 설득이 제도의 경계를 넓히며 아이들의 삶에 실질적인 차이를 만들어내는 일이었다.

2014년 「학교 밖 청소년 지원에 관한 법률」 제정은 국가가 처음으로 '학교를 떠난 청소년'을 정책 대상으로 인정했다는 점에서 중요한 전환점이었다. 그러나 법 제정 이후에도 학교밖청소년은 다수의 청소년 정책에서 누락되거나 재학생을 기준으로 설계된 제도 속에서 사각지대에 머물러 있었다. 법적 지위를 부여하는 것만으로는 충분하지 않았다. 따라서 모든 청소년 정책 수립 단계에서 '학교밖청소년이 포함되는가'를 사전에 점검하는 제도적 장치가 필요하며 청소년 정책의 기준 역시 '학생'이 아니라 '청소년'으로 재정립되어야 한다.

학교밖청소년이 국가에서 무료로 제공하는 건강검진 대상에서 제외되어 있었던 것도 같은 맥락이었다. 건강검진 제도가 '학생'을 기준으로 설계되면서 발생한 구조적 차별이었다. 청소년 건강 정책은 학교 소속 여부가 아니라 연령을 기준으로 설계되어야 하며, 학생과 학교밖청소년 건강검진 예산 역시 개별 부처별 지원이 아니라 국민건강보험공단 체계로 통합 운영하는 것이 바람직하다.

2014년 법률 제정 이후 학교밖청소년 정책은 학교를 떠난 청소년을 찾아내고 지원 제도와 연결하는 단계까지의 의미 있는 진전을 이뤘다. 그러나 정책은 여전히 초기 접점 이후 끊어지는 구조에 머물러 있다. '학교밖청소년센터'를 찾지 않으면 관리도 지원도 이어지지 않는다. 학교밖청소년 지원은 단발성 서비스가 아니라 생애 전환기 정책으로 재설계되어야 하며 개인별 사례관리care pathway를 제도화하는 방향으로 전환해야 한다.

• **'학교밖청소년 정책'을 위한 제언**

첫째, 교육 중심 프레임에서 '삶의 안전성 확보'로 전환해야 한다. 현재 학교밖청소년 정책은 여전히 검정고시·복교·취업 등 교육 성과 중심의 프레임에 머물러 있다. 그러나 상당수 학교밖청소년에게 가장 시급한 과제는 학업이 아니라 삶의 안정이다. 주거 불안, 건강 문제, 채무, 가족 갈등이 해결되지 않으면 어떤 교육·취업 정책도 작동하기 어렵다.

둘째, 센터 중심에서 생활권 중심 정책으로 확장해야 한다.

현행 학교밖청소년 정책은 '센터에 오면 지원한다'는 구조에 기반하고 있다. 그러나 위기청소년일수록 스스로 센터를 찾지 않는다. 이제 찾아오기를 기다리는 정책에서 벗어나야 한다. 디지털 기반 비대면 상담과 지원 신청 체계를 구축하고, 생활권 중심의 찾아가는 정책으로 확장해야 한다.

셋째, 정신건강 전담 트랙을 구축해야 한다.

은둔형 청소년, 학교폭력 피해자 등 학교밖청소년의 정신건강 문제는 부차적인 영역이 아니다. 정신질환, 트라우마, 중독 문제 등은 교육이나 취업 이전에 해결되지 않으면 이후 모든 정책이 실패한다. 이는 학교밖청소년 정책 안에 정신건강·중독·위기 개입을 연계한 전담 트랙을 별도로 구축해야 하는 이유다.

넷째, 단년도 예산이 아니라 '사회적 비용 절감 투자'로 접근해야 한다.

학교밖청소년 정책은 단기간 성과를 내는 복지사업이 아니다. 이는 장기적으로 범죄, 복지 의존, 실업, 정신질환 등 사회적 비용을 줄이는 예방 투자다. 정책 미개입으로 발생하는 비용을 고려한다면, 학교밖청소년 정책은 지출이 아니라 사회적 투자로 이해되어야 한다.

학교밖청소년 정책은 우리 사회에 이미 존재하는 청소년을 국가의 제도권 안으로 포함하는 최소한의 책임이고, 이는 학교라는 제도를 떠났다는 이유만으로 국가의 보호와 지원 대상에서 배제되어온 청소년을 다시 인정하는 과정이기도 하다. 그리고 학교밖 청소년 정책의 목적은 '다시 학교로 돌아오게 하는 것'이 아니라, 어떤 선택을 하더라도 청소년이 인간다운 삶의 조건을 잃지 않도록 국가와 사회가 끝까지 책임지는 데 있다. 따라서 학교밖청소년 정책은 단절된 복지 서비스의 단순한 나열이 아니라, 주거·건강·정신건강·소득·관계 회복을 포괄하는 통합적 접근을 전제로 해야 한다. 이러한 접근은 개별 부처나 단일 사업으로는 불가능하며, 국가 정책 전반의 유기적인 연계를 통해서만 실현될 수 있다.

여섯 번째로 태어난 아이

어머니는 전북 순창군 쌍치면에서 태어났다. 6·25 전쟁이 발발하자 마을은 국군과 북한군이 오르내리는 전투가 반복되었다. 밤에는 산속에 숨어 있던 북한군이 마을로 내려와 식량을 약탈했고 여성들을 끌고 가기도 했다. 낮에는 군인들이 집 안을 수색하며 마을 사람들을 공포로 몰아넣었다. 당시 열일곱 살 소녀였던 어머니는 외할머니가 파놓은 방구들에 숨어 목숨을 지켜야 했다. 외할머니는 매일 밤 낮선 발소리에 귀를 곤두세우며, 군인이나 인민군이 딸을 데려갈까 봐 두려움에 떨었다.

시간이 흐르면서 어머니가 방구들 밑에 숨어 있다는 사실이 마을 사람들에게 알려졌다. 외할머니와 외할아버지는 더는 어머니를 지켜내기 어렵다고 판단해 가족을 데리고 피난길에 올랐다. 외가 식구들은 사람들 눈을 피해 한밤중에 산을 넘어 아버지가 사는 칠보 집으로 피신했다.

그런 절박한 상황에서 외할머니는 결국 조혼을 선택했다. 외할머니는 군인과 인민군으로부터 딸을 지키기 위해 열여덟 살의 어머니를 열일곱 살 연상의 아버지와 결혼시키기로 했다. 당시 아버지는 전처와 사별하고 홀어머니와 살고 있었다. 어머니는 내키지 않은 혼인이지만, 더 이상 부모님께 걱정을 끼칠 수 없다는 생각에 외할머니의 결정을 따랐다.

전쟁통에 제대로 된 결혼식도 치르지 못한 채 어머니는 속으로 울며 첫날밤을 맞이했고, 전쟁이 끝나면 반드시 아버지를 떠나겠다고 마음먹었다. 그러나 임신과 출산이 이어지면서 어머니는 결국 아버지를 떠날 수 없는 운명에 놓이게 되었다. 그렇게 아들 셋과 딸 둘을 낳았다. 그래서일까? 어머니는 나와 함께 살면서 종종 "너는 태어나지 말아야 했을 아이고, 6·25 전쟁이라는 시대의 비극은 내 인생을 통째로 바꾸어놓았다"고 말씀하셨다.

결국 아버지를 떠나지 못한 어머니가 여섯 번째 아이를 임신하자 아이를 더 낳고 싶지 않았다. 어머니는 아이를 낙태하기 위해 처음으로 산부인과를 찾았다. 그러나 산부인과에서 만난 의사는 여자가 아니라 남자였고 남자 의사에게 낙태 수술을 받는다는 것은 여섯 번째 아이를 출산하는 것보다 더 두려운 일이었다. 결국 어머니는 산부인과에서 나와 집으로 발길을 향했다. 낙태 수술을 하지 못한 어머니는 대신 높은 언덕으로 올라가서 아래로 반복하여 굴렀다. 그리하면 아이가 자연적으로 낙태가 되지 않을까 하고 기대했으나 아이는 끈질기게 생존했다. 어머니는 언덕에서 구르기를 반복해도 뜻대로 안 되자 이번에는 장례식장을 찾아가 그곳에서 주는 떡과 음식을 먹었다. 궂은 곳에서 음식을 먹으면 부정을 타서 아이가 유산된다는 옛말에 기대를 걸고 시도해보았다. 그러나 어머니의 간절함에도 아이는 황금으로 물든 음력 9월 1일 세상의 문 밖으로 나왔다.

여섯 번째 아이를 출산한 이후 어머니는 산후조리도 제대로 할 수 없었다. 출산하자마자 곧바로 벼 베는 일꾼들의 밥을 준비해서 날라야 했다. 어머니는 아이에게 젖을 물릴 시간적 여유도 없었다. 아이는 어머니가 오기만을 기다리며 차가운 방에 누워 있어야 했다. 그렇게 어머니 뱃속에서부터 보살핌을 받지 못한 아이는 태어난 지 100일이 넘어도 눈을 뜨지 못했다. 어머니는 그제야 정신이 번쩍 들었다고 했다. 아이에게 저주가 내려 눈을 뜨지 못한다고 생각해 죄책감에 시달렸다. 어머니는 매일 밤 정화수를 떠놓고 백일 기도를 올렸다. 정성껏 간호한 끝에 아이의 눈은 조금씩 나아졌다. 어머니는 돌아가시는 날까지도 그때의 일을 떠올리며 내게 말씀했다.

"그때 미안했다."

아버지의 하루는 새벽 5시 반에 시작되었다. 어머니는 계란북엇국을 끓여 아버지 이침상에 올렸다. 북어를 북북 찢어 물에 헹구고 물기를 꾹 짜서 들기름에 달달 볶은 뒤 쌀뜨물과 무를 숭숭

베어 넣은 다음 계란을 풀어 한소끔 끓였다. 아버지는 어머니가 준비한 계란북엇국에 밥을 말아 훌훌 마시면서 아침을 시작했다. 나는 이불 속에서 눈만 내밀고 그 모습을 바라보다가 아버지가 출근하면 다시 이불속으로 파고들었다.

아버지는 평생 어머니가 지은 한복만 입었다. 양복은 한 번도 입지 않았다. 할머니가 밭에서 재배한 삼베와 모시에서 실을 뽑으면 어머니는 베틀 위에 실을 걸어 아버지의 옷을 지었다. 하루도 쉬지 않고 성실하게 일하던 아버지는 어느 날 간경화로 쓰러졌고, 당시의 의료 기술로는 치료조차 받지 못한 채 세상을 떠났다. 중학교 1학년이었던 나는 졸업식에 오지 못한 아버지에게 자랑스러운 상장을 보여줄 수 없어 아쉬웠다.

아버지가 돌아가신 후, 어머니는 홀로 일곱 자녀를 키워야 했다. 우리 집 텃밭에는 부추, 상추, 오이, 가지 등 다양한 채소가 자랐다. 학교를 마치면 나는 어머니가 일하는 텃밭으로 달려갔다. 평소에는 꿋꿋하던 어머니였지만 아버지의 부재가 느껴질 때면 자주 울었다. 어느 날 어머니가 내가 온 줄도 모르고 우는 모습을 보았다. 그날 어머니는 내게 이렇게 말했다.

"아버지가 1년에 한 번이라도 찾아와서 그동안 무슨 일이 있었는지 내 이야기를 들어주면 좋겠구나."

결혼 후 첫아이를 낳았을 때, 어머니는 우리 집으로 오셨다. 어머니는 아이들을 사랑과 정성으로 돌봐주셨다. 주말부부였던 나는 어머니의 도움이 없었다면 아이 셋을 낳을 용기도, 키울 자신도 없었다. 새벽에 출근하고 밤늦게 퇴근하는 나를 보면서 어머니는 늘 말씀하셨다. "너는 아버지를 똑 닮아서 그저 일만 하는구나!" 혹시 아버지처럼 그렇게 일만 하다가 건강에 문제가 생길까 봐 어머니는 늘 나를 걱정하셨다. 그런 어머니가 내 곁에 있었기에 나는 일을 포기하지 않을 수 있었고 아이 셋을 낳고 키울 수 있었다.

나는 여성가족부에서 영유아보육, 아이돌봄서비스, 공동육아나눔터까지 우리나라의 돌봄 정책을 신설하고 기획했다. 그러나 정작 어린이집도 아이돌봄서비스도 공동육아나눔터도 이용하지 못했다. 내가 이 정책들을 기획하던 시점에는 우리 아이들이 초등학생이 되어 있었기 때문이다.

당시에는 다른 대안이 없었다. 친정엄마 없이는 아이를 낳을 수도 키울 수도 없던 시절이었다. 국가의 돌봄은 부재했고 돌봄은 온전히 가족 그중에서도 여성의 몫이었다. 나는 친정엄마의 돌봄에 전적으로 의존해 아이들을 키운 경험자다. 그렇기에 후배 여성들이 나와 같은 어려운 상황으로 힘들어하지 않기를 바라는 마음은 더욱 절실했다. 누군가의 희생과 헌신에 기대지 않고도 아이를 낳고 일을 지속할 수 있는 사회를 만들고 싶었다. 그 간절함은 나에게 돌봄 정책을 더 열정적으로 추진하게 한 원동력이 되었다.

내 아이를 너무나 예쁘고 건강하게 보살펴준 어머니는 안타깝게도 일찍 치매가 시작되었다. 어머니는 시간이 지나면서 기억과 인지 능력이 점점 사라져갔다. 그리고 생이 마감되기 5년 전부터는 평생 함께 살아온 딸의 이름도 얼굴도 기억하지 못했다. 어머니는 강아지가 사람인지 동물인지도 구분하지 못하는 상태가 되었다. 어느 날, 내 무릎에 앉아 있는 반려견을 바라보며 "너는 엄마 눈을 닮지 않아서 눈이 크고 예쁘구나!"라고 어머니는 말씀하셨다. 그리고 16년의 긴 치매의 시간을 살아내고 유난히 꽃을 사랑하고 심성이 고왔던 나의 어머니는 2024년 5월 꽃이 만발한 따뜻한 봄날에 잠을 자듯 편안하게 내 곁을 떠났다.

춘화현상, 세상에 나쁜 경험은 없다

나태주 시인의 『너를 아끼며 살아라』에 나오는 '춘화현상春化現象' 이야기는 오래도록 마음에 남아 있다. 호주에 사는 한 교민이 고국을 다녀오며 개나리 가지를 꺾어 심었지만, 몇 해가 지나도 꽃은 피지 않았다. 따뜻한 기후에는 혹독한 겨울이 없었기 때문이다. 개나리는 찬 겨울을 견뎌야만 비로소 봄에 꽃을 피운다.

인생도 이와 다르지 않다. 고난의 시간을 통과해야만 자신의 빛을 드러낼 수 있다. 일부러 고통을 선택할 이유는 없지만, 지금의 추위를 견디고 있는 이들에게 이 이야기는 작은 위로가 된다. 지금의 계절이 언젠가 꽃을 피워줄 시간이라는 믿음 때문이다.

나는 2003년 여성부 파견을 시작으로, 여성부가 여성가족부로 바뀌고 다시 여성부로, 또다시 여성가족부로 환원되는 지난 22년의 시간을 공직자로서 함께했다. 그 시간 동안 수많은 정치저 풍랑 속에서 조직은 흔들렸고, 나 역시 공직자로서의 자존감이 무너지는 경험을 했다. 그럼에도 좌절보다는 '국민의 삶을 변화시키는 정책을 만들고 있다'는 신념으로 버텼다.

시간이 흐른 뒤, 내가 기획한 정책이 국민의 삶에서 작동하고 있다는 소식을 들을 때 공직자로서의 보람을 느꼈다. 한 전직 차관은 지역에서 만난 민간 어린이집 원장이 영아기본보조금 제도 덕분에 어린이집을 운영할 수 있었다고 한 감사의 말을 대신 전달해주었다. 처음에는 보육시설 평가인증제에 회의적이었던 원장 역시 그 제도를 통해 보육의 질이 향상되었다고 말했다. 가족센터를 위탁 운영하는 한 교수는 가족상담사를 전담 배치한 정책으로 매년 수십만 명이 상담 서비스를 이용할 수 있게 되었다고 전해주었다.

여성가족부는 오랜 시간 정치적 논쟁의 중심에 놓여 있었다. 정권과 선거 국면에 따라 존립 자체가 의문의 대상이 되기도 했고, 조직의 기능과 역할이 축소되거나 흔들리기도 했다. 그 과정에서 여성가족부는 조롱과 오해를, 그리고 나는 정치적 희생의 시간을 견뎌야 했다. 그 시간 속에서 나는 흔들리지 않고 부처의 존재 이유를 지켜내고자 했고 정치가 아니라 정책으로 답하고자 했다.

그러나 여성가족부 전입 이후 22년 동안 신규 업무와 핵심 국정과제를 도맡아 성실하게 수행해왔지만 끝내 보직에서 물러나 산하기관으로 자리를 옮기게 되었다. 문제를 회피하고 자리를 지키는 선택을 했다면 무탈한 공직생활을 이어갈 수도 있었을 것이다. 그러나 다시 그 시절로 돌아간다 해도 나는 같은 선택을 할 것이다.

장관의 위법한 지시 앞에서 침묵하지 않았고, 권력의 부적절한 정책 개입에도 눈감지 않았다. 그 과정에서 겪은 시간은 내게 깊은 상처로 남았지만 결과적으로 나를 더욱 단단하게 만들었다. 혹독한 겨울을 지나야 봄이 오듯, 그 시련은 내 삶의 춘화현상이었다.

여성가족부가 오랜 시간 시련을 견디며 발전했듯, 나 또한 지난 시간의 고통을 통해 더 깊어졌다. 그 경험을 통해 내가 얻은 하나의 결론은 세상에 나쁜 경험은 없다는 것이다.

2025년 6월 3일, 새로운 정부 탄생과 함께 '성평등가족부'가 새롭게 출범했다. 이제 성평등가족부가 정치적 논쟁의 대상이 아니라 헌법이 보장한 성평등의 가치를 실현하는 부처로, 우리 사회를 갈등이 아니라 통합으로 이끄는 부처로 자리매김하기를 바란다.

정년퇴직을 한 2025년 12월 31일 밤 11시 25분, 공군 대위로 복무 중인 아들로부터 전화가 걸려왔다. 평생 워킹맘으로 살아온 엄마가 은퇴했다는 사실이 믿어지지 않는다며 하루의 끝과 새로운 시간을 잇는 제야의 종소리를 전화로나마 함께 듣고 싶다고 했다. 그 전화 한 통은 오랜 시간 쉼 없이 달려온 내 삶을 조용히 멈춰 세워주었다.

아들은 그날 처음으로 내게 이런 말을 했다. 중학생 시절 강직한 공직자로 바르게 일하는 엄마의 모습을 보면서 자신도 공직자가 되겠다고 마음먹었고, 정치적으로 민감한 사안에 대해 질문을 던질 때마다 한쪽으로 기울지 않으려 애쓰면서 설명하던 엄마의 태도를 보며 군인으로서 더 책임감 있는 공직자가 되겠다고 다짐해왔다고 했다. 그 말을 듣는 순간 나는 세상이 알아주지 않더라도, 조직이 나를 온전히 평가하지 않더라도 공직자로 부끄럽지 않은 삶을 살아왔다는 사실에 가슴 벅차올랐다.

그날 밤 아들과 함께 들은 제야의 종소리는 한 해의 끝이자 내 공직 인생의 마침표였다. 그리고 동시에 또 다른 시간의 시작이었다. 비록 이름 없이 사라질지라도 정책으로 남고, 말로 가르치지 않았어도 삶으로 전해진 공직자로서의 가치가 다음 세대로 이어진다는 사실을 확인한 순간이었다.

지난 2년간의 힘들고 고통스러운 시간을 곁에서 함께해주신 여러 장차관님과, 응원과 지지를 보내주신 많은 분 덕분에 나는 무너지지 않고 공직자로서의 자세를 지킬 수 있었다. 이 책을 통해 감사의 마음을 전한다. 특히 명예가 온전히 회복되지 않은 채 공직의 마무리를 앞두고 있던 나에게 "이 세상에는 억울한 사람이 많다. 억울한 마음 슬기롭게 잘 참고 이겨내어 잘했다"라며 삶의 지혜를 건네주신 정세균 전 국무총리님의 말씀은 무거운 마음의 짐을 내려놓을 수 있게 했다. 또한 "같이 일한 우리는 국장님의 열정과 능력을 잘 알고 있다"는 진선미 장관님의 말씀은 흔들리던 나에게 버틸 수 있는 힘이 되어주었다. 두 분께도 진심으로 감사드린다.

아울러 컴퓨터를 전공한 이과생으로 평생 정책보고서만 작성해온 공직자의 부족한 원고를, 국민을 위해 묵묵히 일해온 공직자의 진정성을 믿어주고 흔쾌히 출간을 결정해주신 한기호 대표님과 이강미 ㈜날개 대표님께 깊이 감사드린다. 그리고 부끄럽지 않은 책이 될 수 있도록 정성껏 다듬어주신 이효선님께도 감사의 말씀을 드린다.

이 책이 정책을 만들고 집행하는 공직자들뿐만 아니라, 그 정책의 영향을 받으며 살아가는 국민의 질문에 작은 답이라도 될 수 있기를 바라며, 이 글을 마친다.

공직자는 영혼이 없다

2026년 2월 15일 1판 1쇄 인쇄
2026년 2월 25일 1판 1쇄 발행

지은이   김숙자
펴낸이   한기호
편집   정안나, 도은숙, 유태선, 김현구, 김혜경
마케팅   윤수연
디자인   북디자인 경놈
경영지원   국순근
펴낸곳   북바이북
출판등록 2009년 5월 12일 제313-2009-100호
주소 04029 서울시 마포구 동교로 12안길 14(서교동) 삼성빌딩 A동 2층
전화 02-336-5675 팩스 02-337-5347
이메일 kpm@kpm21.co.kr
홈페이지 www.kpm21.co.kr

ISBN 979-11-90812-68-9 (03350)